DAS INOFFIZIELLE
HOUSE OF THE
DRAGON
KOCHBUCH

DAS INOFFIZIELLE
HOUSE OF THE
DRAGON
KOCHBUCH

**VON
TOM GRIMM**

**MIT FOTOS VON
TOM GRIMM & DIMITRIE HARDER**

INHALT

ES IST ANGERICHTET!

Game of Thrones gilt als erfolgreichste TV-Serie aller Zeiten. Seit 2019 die letzte Episode über die Bildschirme flimmerte, warten die Fans sehnlichst darauf, nach Westeros zurückkehren zu können. Und dank *House of the Dragon* ist es nun endlich soweit!

House of the Dragon spielt 200 Jahre vor den Ereignissen von *Game of Thrones* und erzählt vom Aufstieg und Fall des Hauses Targaryen. Wie schon *GoT* basiert auch die neueste Hit-Serie von HBO auf dem Werk von Fantasy-Maestro George R. R. Martin, dem das leibliche Wohl seiner Charaktere seit jeher sehr am Herzen liegt – jedenfalls, bis es Zeit wird, sie vollkommen unerwartet um die Ecke zu bringen.

Keine Frage: George R. R. Martin ist ein Genießer. In seinen Werken wird nach Herzenslust gegessen, getrunken und geschlemmt – und das, obwohl er selbst überhaupt nicht kochen kann! »All die Seiten in meinen Büchern, die ich im Laufe der Jahre dem Essen gewidmet habe … All die liebevoll ausgeschmückten Beschreibungen der einfachsten und exotischsten Gerichte … All jene Festmahle, die euch das Wasser im Munde zusammenlaufen ließen … Ich habe nie auch nur eins davon tatsächlich zubereitet!« Seine Gerichte seien »allein aus Wörtern gemacht«: »Aus großen, fleischigen Substantiven und knusprig-frischen Verben, gut gewürzt mit Adjektiven und Adverbien.« Doch seine Begeisterung für Speis und Trank zieht sich wie ein (blut-)roter Faden durch Martins epochales Werk.

Kostprobe gefällig? Wie wäre es beispielsweise mit der Nierenpastete der Alten Nan, Sansas legendären Zitronenküchlein, Royalen Rahmschwänen, honiggewürzten Heuschrecken, Tyrions Lieblingskammkeule, einer Schüssel Braunem oder einem zünftigen Frühstück auf der Mauer? Natürlich alles runtergespült mit einem kräftigen Schluck Arborgold!

Von den imposanten Hallen von Königsmund mit ihren üppigen Köstlichkeiten über den eisigen Norden mit seinen wärmenden Speisen bis hin zu den geheimnisvollen Landen von Essos mit ihren exotisch-orientalischen Aromen – bei dieser kulinarischen Rundreise durch die Sieben Königslande kommen selbst Feinschmecker wie Tyrion Lennister auf ihre Kosten! Und keine Sorge: So fantastisch die in diesem Buch versammelten Gerichte auch wirken mögen, die Rezepturen sind so angepasst, dass selbst jene sie königswürdig zubereiten können, die keine Möglichkeit haben, auf dem Markt solche verwegenen Zutaten wie Drachenpfefferschoten, Kamelfleisch oder Schlange zu erstehen!

Doch vergesst nicht, geneigte Leser, dass all diese Rezepte letztlich nichts weiter sind als Denkanstöße, um *eure* Kreativität anzuregen. Denn das Großartigste am Kochen ist schließlich das Experimentieren. Und genau wie in der sagenhaften Welt von Westeros gilt auch in der heimischen Küche: Die einzigen Grenzen, die uns auferlegt sind, sind die unserer eigenen Fantasie!

Ergebenst,

FRÜHSTÜCK

FRÜHSTÜCK
AUF DER MAUER

SCHWIERIGKEIT
Novize

VORBEREITUNG
1 Minute

ZUBEREITUNG
20 Minuten

I. Die kalten Eier in einen Topf legen und mit so viel warmem Wasser aufgießen, dass die Eier darin schwimmen. Dann bei mittlerer Hitze zum Kochen bringen und für 10 Minuten offen köcheln lassen. Anschließend abgießen, die Eier mit möglichst kaltem Wasser abschrecken und abkühlen lassen.

II. In der Zwischenzeit in einer großen beschichteten Pfanne bei mittlerer Hitze die Butter zerlassen. Die Kasseler-Minutensteaks hineingeben und von einer Seite 1-2 Minuten scharf anbraten. Wenden und von der anderen Seite 1 Minute scharf anbraten. Nach Belieben mit Pfeffer und geräuchertem Paprikapulver würzen und kurz zum Abtropfen auf einen mit Küchenpapier ausgelegten Teller geben.

III. Die abgekühlten Eier pellen. Die Eier senkrecht halbieren und nach Belieben mit grobem Meersalz bestreuen. Zusammen mit den Kasseler-Minutensteaks, etwas Dörrobst (siehe »Nachtwachen-Pausenration«, S. 22) und Nachtwachen-Schwarzbrot (siehe S. 18) servieren.

4 PORTIONEN

4 kalte Eier

1 EL Butter

4 Kasseler-Minutensteaks

Pfeffer, nach Belieben

Geräuchertes Paprikapulver, nach Belieben

Grobes Meersalz, nach Belieben

Nachtwachen-Pausenration, nach Belieben (siehe S. 22)

Nachtwachen-Schwarzbrot, nach Belieben (siehe S. 18)

HAFERRINGE

SCHWIERIGKEIT
Novize

ZUBEREITUNG
2 Stunden
inkl. Gehzeit

BACKZEIT
10-12 Minuten

I. Das lauwarme Wasser in eine kleine Schüssel geben. Den Honig einrühren und die frische Hefe hineinkrümeln. Sorgsam umrühren, bis sich Honig und Hefe vollständig aufgelöst haben, und 10 Minuten ruhen lassen.

II. In der Zwischenzeit zwei Backbleche mit Backpapier auslegen und mit Mehl bestäuben.

III. In einer großen Schüssel das Mehl und das Salz vermischen. Die Hefe-Honig-Mischung dazugeben und alles mehrere Minuten durchkneten, bis ein glatter, relativ fester Teig entstehen. Abgedeckt mit einem sauberen Geschirrtuch an einem warmen Ort ca. 60 Minuten gehen lassen bzw. so lange, bis der Teig doppelt so groß ist wie zuvor.

IV. Den Teig nach dem Gehen nochmals durchkneten, in acht gleich große Portionen aufteilen und jeweils auf einer leicht mit Mehl bestreuten Arbeitsfläche zu Kugeln formen. Mit einem Kochlöffelstiel ein Loch durch die Mitte jeder Kugel bohren und die Löcher mit den Fingern behutsam auf ca. 5 cm Ø vergrößern. Die Teiglinge auf die vorbereiteten Backbleche legen, mit sauberen Geschirrtüchern abdecken und 20-30 Minuten gehen lassen.

V. Unterdessen den Backofen auf 230 °C Ober-/Unterhitze vorheizen und das Wasser für die Lauge in einem Topf zum Kochen bringen. Sobald das Wasser kocht, das Natron hineingeben. Die Hitze so weit reduzieren, dass das Ganze bloß noch siedet. Nun jeden Teigling einzeln, einen nach dem anderen, in die Lauge geben und nach ca. 1 Minute wenden. Nach weiteren 30 Sekunden mit einer Schaumkelle aus dem Topf nehmen, zurück auf eins der Backbleche legen, großzügig mit Haferflocken und Sesam bestreuen und 10-12 Minuten backen. Am besten zeitnah genießen!

8 STÜCK

Für die Haferringe:

225 ml warmes Wasser

1 TL Honig

15 g frische Hefe

400 g Mehl (Type 550)

2 gestrichene TL Salz

Für die Lauge:

1 l Wasser

50 g Natron

Zum Bestreuen:

100 g zarte Haferflocken

40 g Sesamsaat

APRIKOSEN-
BRÖTCHEN

SCHWIERIGKEIT
Novize

ZUBEREITUNG
15 Minuten

BACKZEIT
18 Minuten

I. Den Backofen auf 200 °C Ober-/Unterhitze vorheizen. Ein Backblech mit Backpapier auslegen.

II. In einer großen Schüssel das Mehl, den Zucker, das Backpulver, den Orangenabrieb und das Salz vermengen.

III. Die Butter in kleine Würfel schneiden und in einer Schale mit einer Gabel zerdrücken. Den Frischkäse dazugeben und gründlich vermischen. Die Aprikosen und die Schokolade hinzufügen und einarbeiten.

IV. In einem Rührbecher das Ei mit der Milch und dem Vanilleextrakt verquirlen.

V. Die Butter-Aprikosen-Mischung und die Ei-Milch-Mixtur in die Schüssel mit dem Mehl geben und alles kurz mit den Händen verkneten, bis gerade so eben ein Teig entsteht. Den Teig in zwei Portionen aufteilen und jeweils auf einer leicht mit Mehl bestreuten Arbeitsfläche zu einer runden Scheibe von ca. 3 cm Dicke formen. Die Scheiben jeweils in acht gleich große »Tortenstücke« schneiden und auf das vorbereitete Backblech legen.

VI. Alle Teiglinge mit einem Backpinsel mit etwas Milch bestreichen und ca. 18 Minuten im vorgeheizten Ofen backen. Dabei darauf achten, dass die Aprikosenbrötchen nicht zu dunkel werden, sondern bloß etwas Farbe bekommen!

16 STÜCK

470 g Mehl

100 g Zucker

2 gehäufte TL Backpulver

1 gestrichener TL Orangenabrieb

1 Prise Salz

115 g kalte Butter

240 g Frischkäse

200 g getrocknete Aprikosen, grob gehackt

150 g weiße Schokolade, grob gehackt

1 Ei

60 ml Milch, plus etwas mehr zum Bestreichen

2 TL Vanilleextrakt

NACHTWACHEN-SCHWARZBROT

SCHWIERIGKEIT
Novize

ZUBEREITUNG
75 Minuten
inkl. Ruhezeit

BACKZEIT
120 Minuten

I. Das lauwarme Wasser in eine kleine Schüssel geben und die Hefe darin auflösen.

II. Die Kastenform mit Butter einfetten.

III. In einer großen Schüssel das Dinkelschrot, das Roggenschrot, das Dinkelvollkornmehl, die Sonnenblumenkerne und das Salz vermischen.

IV. In einem kleinen Topf die Buttermilch erwärmen. Den Honig und das Apfelkraut einrühren. In die Schüssel mit den trockenen Zutaten geben und untermischen. Das Hefewasser ebenfalls hinzufügen und alles gründlich vermischen. In die vorbereitete Kastenform füllen, die Oberseite glattstreichen und 60 Minuten ruhen lassen.

V. In der Zwischenzeit den Backofen auf 150 °C Ober-/Unterhitze vorheizen.

VI. Das Brot schließlich ca. 2 Stunden backen. Dann herausnehmen und in der Form vollständig auskühlen lassen. Erst dann auf ein Schneidebrett stürzen.

1 STÜCK

3 EL lauwarmes Wasser

10 g frische Hefe

Butter zum Einfetten der Form

250 g Dinkelschrot

250 g Roggenschrot

250 g Dinkelvollkornmehl

125 g geschälte Sonnenblumenkerne

2 TL Salz

500 ml Buttermilch

1 TL Honig

1 EL Apfelkraut

Außerdem erforderlich:

Kastenform (ca. 30 x 10 cm)

BLUTIGE BETE

SCHWIERIGKEIT
Novize
VORBEREITUNG
5 Minuten
KOCHZEIT
25 Minuten

I. Bei mittlerer Hitze das Kokosöl in einem Topf erwärmen. Die Zwiebeln, den Knoblauch und den Ingwer hineingeben und glasig dünsten. Die Rote Bete hinzufügen, alles durchmischen und weitere 2 Minuten andünsten. Das Currypulver unterrühren. Mit dem Gemüsefond und dem Rote Bete-Saft aufgießen und unter gelegentlichem Rühren 10 Minuten köcheln lassen.

II. Die Tandoori-Paste, die Kokosmilch und den Limettensaft dazugeben und 5-6 Minuten köcheln lassen. Mit Salz und Pfeffer abschmecken.

III. Die Suppe auf vier Servierschüsseln verteilen und nach Belieben mit einem Klecks Schmand oder Joghurt garnieren.

4 PORTIONEN

2 EL Kokosöl

2 Zwiebeln, fein gehackt

1 Knoblauchzehe, fein gehackt

15 g Ingwer, frisch gerieben

500 g Rote Bete, vorgekocht und gestiftelt

2 EL Currypulver

300 ml Gemüsefond

500 ml Rote Bete-Saft

1 EL Tandoori-Paste

100 ml ungesüßte Kokosmilch

2 EL Limettensaft

Salz

Pfeffer

Schmand oder Joghurt, als Garnitur

NACHTWACHEN-PAUSENRATION

SCHWIERIGKEIT
Novize

VORBEREITUNG
10 Minuten

TROCKENZEIT
5-15 Stunden

I. Die Birnen schälen, entkernen und in dünne Scheiben schneiden. Die Äpfel schälen, entkernen und in dünne Scheiben schneiden. Die Aprikosen entkernen und halbieren. Die Zwetschgen entkernen und halbieren. Dabei darauf achten, dass die Obststücke möglichst gleich groß sind, damit sie gleichmäßig trocknen können!

II. Am einfachsten trocknet man Früchte nach Geräteanleitung in einem Dörrautomat. Solltet ihr keinen zur Hand haben, könnt ihr stattdessen auch einfach euren Backofen verwenden. Hierzu den Ofen auf 50 °C Umluft vorheizen und zwei Backbleche mit Backpapier auslegen. Das Obst mit genügend Abstand zueinander (so, dass sich die Stücke nicht berühren) nach Sorten getrennt auf den Blechen verteilen, um bereits fertig getrocknete Früchte früher entnehmen zu können. Außerdem sollten die Schnittflächen von Äpfeln und Birnen nach oben weisen.

III. Die Bleche mit genügend Abstand dazwischen, sodass die Luft zirkulieren kann, in den Backofen schieben. Einen hölzernen Kochlöffel so in die Ofentür klemmen, dass sie einen Spaltbreit offensteht und die feuchte Luft entweichen kann. Die Äpfel brauchen 5-8 Stunden Trocknungszeit, die Birnen etwas länger. Die Zwetschgen und die Aprikosen jeweils 10-15 Stunden.

IV. Das Obst ist fertig gedörrt, sobald sich die Stücke ledrig und biegsam anfühlen und keine Flüssigkeit mehr daraus austritt, wenn man sie behutsam zusammendrückt. In einem luftdicht verschließbaren Behältnis trocken lagern. Mindestens 6 Monate haltbar.

6–8 PORTIONEN

100 g Birnen

300 g Äpfel

100 g Aprikosen

100 g Zwetschgen

Außerdem erforderlich:

Dörrautomat (optional)

HONIGKÜCHLEIN

SCHWIERIGKEIT
Novize

ZUBEREITUNG
20 Minuten

BACKZEIT
20-25 Minuten

I. Den Honig, die Butter und den braunen Zucker in einem Topf vermischen und bei mittlerer Hitze unter stetem Rühren erwärmen, bis sich der Zucker vollständig aufgelöst hat. Vom Herd nehmen und abkühlen lassen.

II. Den Backofen auf 175 °C Ober-/Unterhitze vorheizen. Die Muffinform mit Butter einfetten und mit Mehl bestäuben.

III. In einer Schüssel die Eier verquirlen. Die abgekühlte Honig-Butter-Mischung hinzufügen und alles verrühren.

IV. In einer separaten Schüssel das Mehl, das Backpulver, das Lebkuchengewürz und den Zimt gründlich vermengen und zu den feuchten Zutaten zugeben. Alles miteinander verrühren. Schließlich die Datteln, die Mandeln und die gehackten Walnüsse unterheben. Den Teig in die Förmchen füllen, die Oberseiten glattstreichen und 20-25 Minuten im vorgeheizten Ofen backen. Herausnehmen und in der Form vollständig abkühlen lassen. Erst dann daraus lösen.

V. Die Honigküchlein vor dem Servieren nach Belieben mit etwas Honig beträufeln und jeweils mit einem ganzen Walnusskern garnieren.

12 STÜCK

125 g flüssiger Honig, plus etwas mehr zum Beträufeln

100 g Butter, plus etwas mehr für die Form

50 g brauner Zucker

150 g Mehl, plus etwas mehr für die Form

2 Eier

1 TL Backpulver

1 TL Lebkuchengewürz

1 TL Zimt

70 g getrocknete Datteln, sehr fein gehackt

75 g gemahlene Mandeln

60 g gehackte Walnüsse

12 ganze Walnusskerne, als Garnitur

Außerdem erforderlich:

12er-Muffinform

VORWEG

EINE SCHALE BRAUNES

SCHWIERIGKEIT
Novize

VORBEREITUNG
5 Minuten

KOCHZEIT
50 Minuten

I. Die Linsen in eine Schüssel geben und mit kaltem Wasser waschen. (Einweichen ist nicht notwendig.) Abgießen.

II. In einem großen Topf 1-2 EL Olivenöl erhitzen, die Zwiebel hineingeben und andünsten. Die Schinkenwürfel dazugeben und 1-2 Minuten anbraten. Dann die Karotten, die Kartoffeln, die Linsen, das Lorbeerblatt und den Gemüsefond dazugeben und mit geschlossenem Deckel bei mittlerer Hitze 40-45 Minuten sanft köcheln lassen bzw. so lange, bis die Linsen weich sind. Sollte der Eintopf zu dickflüssig sein, etwas Wasser dazugeben.

III. In der Zwischenzeit mit etwas Butter den Bauchspeck in einer Pfanne von beiden Seiten scharf anbraten.

IV. Sind die Linsen schließlich fertig, das Lorbeerblatt entfernen, den Essig einrühren (je nach Geschmack) und den Eintopf mit Selleriesalz, Pfeffer und Liebstöckel abschmecken. Zum Servieren auf vier tiefe Teller geben und jeweils mit einem Streifen gebratenem Bauchspeck garnieren.

4 PORTIONEN

300 g Tellerlinsen

1-2 EL Olivenöl

1 große Zwiebel, fein gehackt

100 g Schinkenwürfel

2 Karotten, fein gewürfelt

3 Kartoffeln, fein gewürfelt

1 Lorbeerblatt

600 ml Gemüsefond

4 Stücke frischer Bauchspeck

Etwas Butter, zum Anbraten

2-3 EL Kräuteressig
(je nach Geschmack)

Selleriesalz, Pfeffer,
Liebstöckel (zum Würzen)

Wie alle Eintöpfe schmeckt auch dieser am besten, wenn er gut durchgezogen ist, also nach Möglichkeit erst einen Tag nach der Zubereitung auftischen!

SÜSSE KÜRBISSUPPE

SCHWIERIGKEIT
Novize

VORBEREITUNG
10 Minuten

KOCH-/GARZEIT
50 Minuten

I. Den Backofen auf 80 °C Ober-/Unterhitze vorheizen. Ein Backblech mit Backpapier auslegen.

II. Den Kürbis waschen und vierteln. Mit einem Esslöffel sorgfältig die Kerne und Fäden herauskratzen und entsorgen. Den Kürbis mitsamt der Schale in grobe Stücke schneiden, auf das Backblech geben und 20 Minuten im Ofen garen. Dann das Blech herausnehmen und die überschüssige Flüssigkeit abgießen.

III. In einem großen Topf bei mittlerer Hitze die Butter zerlassen. Die Schalotten und den Knoblauch glasig anschwitzen. Die Kürbiswürfel dazugeben und kurz mitdünsten. Die Kartoffeln und die Karottenraspeln hinzufügen, das Paprikapulver und das Mehl darüberstreuen und alles miteinander vermischen. Mit dem Gemüsefond, dem Weißwein und der Kokosmilch aufgießen. Kurz aufkochen, die Hitze reduzieren und unter gelegentlichem Rühren ca. 25 Minuten zugedeckt köcheln lassen.

IV. Den geriebenen Ingwer und das Currypulver hinzugeben. Die Suppe mit einem Pürierstab im Topf fein pürieren, die Sahne hinzufügen und kräftig mit Salz und Pfeffer abschmecken. Zum Servieren mit gerösteten Kürbiskernen garnieren.

4-6 PORTIONEN

- 1 mittelgroßer Hokkaido-Kürbis (ca. 1,5 kg)
- 2 EL Butter
- 2 Schalotten, fein gehackt
- 1 Knoblauchzehe, fein gehackt
- 1 TL Paprikapulver (edelsüß)
- 2 EL Mehl
- 200 g Kartoffeln, gewürfelt
- 1 Karotte, fein geraspelt
- 800 ml Gemüsefond
- 200 ml Weißwein
- 100 ml Kokosmilch
- 2 cm frischer Ingwer, fein gerieben
- 3 EL Currypulver
- 50 g Schlagsahne
- Salz
- Pfeffer
- Geröstete Kürbiskerne, als Garnitur

Den Weißwein bei diesem Rezept kann man auch problemlos weglassen. Allerdings solltet ihr dann stattdessen einen Spritzer Essig oder Zitronensaft dazugeben, um der Suppe eine gewisse Säure zu verleihen.

CERSEIS BITTERGRÜN-SALAT

SCHWIERIGKEIT
Novize

VORBEREITUNG
5 Minuten

ZUBEREITUNG
5 Minuten

I. Den Apfel waschen, schälen, entkernen und in kleine Stücke schneiden.

II. Den Balsamicoessig, den Honig, die Paprikamarmelade, den Limettensaft und das Olivenöl in einen kleinen, verschließbaren Behälter geben und kräftig schütteln, um alles gut miteinander zu vermischen. Bis zum Gebrauch im Kühlschrank kaltstellen. Vor der Verwendung nochmals gut schütteln.

III. In einer Salatschüssel die Salatmischung mit den Apfelstücken, der Sternfrucht, der Mango und den Pinienkernen vermischen. Mit dem Dressing übergießen und alles gründlich durcheinanderwerfen, um den Salat ringsum mit Dressing zu überziehen. Sofort servieren.

2-3 PORTIONEN

1 grüner Apfel

200 g gemischter dunkelgrünen Bittersalat (z. B. Rucola, Grünkohl, Radicchio)

60 ml Balsamicoessig

3 EL Honig

2 EL Paprikamarmelade

2 EL Limettensaft

1 EL Olivenöl

1 Sternfrucht, in dünne Scheiben geschnitten

¼ Mango, in mundgerechte Stücke geschnitten

50 g Pinienkerne

BRAAVOSI-MUSCHELN

SCHWIERIGKEIT
Novize

ZUBEREITUNG
10 Minuten, plus
2 Stunden Kühlzeit

KOCHZEIT
45 Minuten

Die Knoblauch-Chili-Muscheln zubereiten:

I. In einem großen Topf bei mittlerer Hitze das Pflanzenöl erwärmen. Den Knoblauch und die Schalotten hineingeben und glasig dünsten. Mit dem Weißwein ablöschen und 2-3 Minuten einreduzieren lassen.

II. Den Gemüsefond, das Wasser, die Pizzatomaten, das Suppengemüse, den Sherry, die gekörnte Gemüsefond, den Pfeffer, die Kochsahne und das Selleriesalz mit in den Topf geben und unter regelmäßigem Rühren aufkochen lassen.

III. Die aufgetauten Miesmuscheln zusammen mit den Chiliringen in den kochenden Sud geben und 12-15 Minuten köcheln lassen. Achtung: Alle Muscheln, die sich beim Kochen nicht öffnen, unbedingt entsorgen!

Die Kamm-Muscheln zubereiten:

IV. Die Kräuter waschen, trocken schütteln und fein hacken.

V. Die gehackten Kräuter zusammen mit dem Knoblauch und der weichen Butter in eine kleine Schüssel geben und mit einer Gabel sorgsam vermengen. Mit Salz abschmecken und vor der Verwendung abgedeckt mindestens 2 Stunden im Kühlschrank kaltstellen. Gut gekühlt bis zu 2 Wochen haltbar.

VI. Sobald die Kräuterbutter fertig ist, den Backofen auf 150 °C Ober-/Unterhitze vorheizen und ein Backblech mit Backpapier auslegen.

VII. Die aufgetauten Kamm-Muscheln mit Küchenpapier trocken tupfen, in der Muschelschale auf dem Backblech arrangieren und leicht salzen und pfeffern. Dann jeweils eine Flocke Kräuterbutter mittig auf jede Muschel geben und 5-6 Minuten im vorgeheizten Ofen garen. Herausnehmen, kurz abkühlen lassen und möglichst warm genießen!

4-6 PORTIONEN

Für die Knoblauch-Chili-Muscheln:

1 EL Pflanzenöl

4 Knoblauchzehen, fein gehackt

2 Schalotten, fein gehackt

100 ml Weißwein

500 ml Gemüsefond

500 ml Wasser

400 g Pizzatomaten (aus der Dose)

1 Bund Suppengemüse, fein gehackt

60 ml Sherry (medium dry)

1 EL gekörnte Gemüsefond

1 TL schwarzer Pfeffer

100 ml Kochsahne

1 TL Selleriesalz

2 kg TK-Miesmuscheln, küchenfertig, aufgetaut

½ rote Chili, in dünne Ringe geschnitten

Für die Kamm-Muscheln:

1 Bund frische Kräuter (z. B. Petersilie, Basilikum, Schnittlauch, Kerbel)

1 Knoblauchzehe, sehr fein gehackt

250 g weiche Butter

Salz

24 TK-Kamm-Muscheln mit Muschelschale, küchenfertig

Pfeffer

KALTE FRUCHTSUPPE

SCHWIERIGKEIT
Novize

ZUBEREITUNG
5 Minuten

KOCHZEIT
10 Minuten

I. Den Apfelsaft in einen mittelgroßen Topf gießen. 5 EL Saft abnehmen und in einem kleinen Behältnis mit dem Zucker, dem Vanillezucker und der Speisestärke glattrühren.

II. Die Beeren und das Obst in den Topf mit dem Apfelsaft geben und zum Kochen bringen. Kurz aufkochen lassen, dann die Speisestärke-Mixtur einrühren. 5-6 Minuten unter regelmäßigem Rühren köcheln lassen. Vom Herd nehmen.

III. Die Fruchtsuppe einige Minuten abkühlen lassen und bis zum Servieren im Kühlschrank kaltstellen. Nach Belieben mit einem Blättchen frischer Minze anrichten.

4 PORTIONEN

400 ml Apfelsaft

2 EL Zucker

1 Päckchen Vanillezucker

2 EL Speisestärke

500 g Beeren und Früchte
(z. B. Himbeeren, Brombeeren, Blaubeeren, Kirschen)

Frische Minze, als Garnitur, nach Belieben

WINTERFELL-ESSIGPILZE

SCHWIERIGKEIT
Novize
VORBEREITUNG
10 Minuten
KOCHZEIT
20 Minuten

I. Die Pilze putzen und nach Belieben in Scheiben schneiden, vierteln oder im Stück lassen.

II. Die Butter bei mittlerer Hitze in einer großen, beschichteten Pfanne zerlassen. Die Schalotten und den Knoblauch hineingeben und glasig dünsten. Die Karotten und den Porree hinzufügen und kurz anbraten. Die Pilze mit in die Pfanne geben, kräftig mit Pfeffer würzen und offen 5-6 Minuten schmoren lassen.

III. Unterdessen in einer kleinen Schüssel den Balsamicoessig, die Sojasoße, den Honig und den Senf verrühren.

IV. Sobald die Pilze den Großteil ihrer Flüssigkeit abgegeben haben, die Essig-Mixtur unterrühren. Den Thymian hinzufügen und das Ganze offen unter gelegentlichem Rühren sanft köcheln lassen bzw. so lange, bis die Karotten gar sind. Unmittelbar vor dem Servieren die gehackte Petersilie unterheben.

2 PORTIONEN

500 g gemischte frische Pilze

1 EL Butter

2 Schalotten, fein gehackt

2 EL Knoblauch, fein gehackt

2 Karotten, grob in Scheiben geschnitten

½ Stange Porree, in dünne Ringe geschnitten

Pfeffer

50 ml Balsamicoessig

50 ml dunkle Sojasoße

2 EL Honig

2 EL Senf (mittelscharf)

3 Stängel frischer Thymian

2 EL frische Petersilie, fein gehackt

PILZCREMESUPPE MIT SCHNECKEN

SCHWIERIGKEIT
Novize

VORBEREITUNG
10 Minuten

KOCHZEIT
50 Minuten

I. In einem Topf bei mittlerer Hitze die Butter zerlassen. Die Zwiebel und den Porree hineingeben und 2-3 Minuten andünsten. Dann die Pilze hinzufügen und ringsum leicht anbraten (2-3 Minuten). Mit dem Gemüsefond ablöschen. Die Selleriestange (im Ganzen) und den Thymian dazugeben, die Hitze reduzieren und unabgedeckt ca. 40 Minuten köcheln lassen.

II. Den Thymian und den Sellerie herausnehmen und die Suppe im Topf mit einem Pürierstab fein pürieren. Mit Salz und Pfeffer abschmecken. Den Schmand hinzugeben und unterrühren.

III. Die abgetropften Schnecken mit klarem Wasser abspülen, mit Küchenpapier trocken tupfen und vor dem Servieren 3-4 Minuten in der heißen Suppe ziehen lassen. Keinesfalls kochen! Mit einem Sträußchen krauser Petersilie garnieren und warm genießen.

4 PORTIONEN

1 EL Butter

1 Zwiebel, fein gehackt

1 Stange Porree, in dünne Ringe geschnitten

750 g gemischte frische Pilze, in Stücke geschnitten

1 l Gemüsefond

1 Selleriestange

1 Stängel frischer Thymian

Salz

Frisch gemahlener schwarzer Pfeffer

2 EL Schmand

150 g Weinbergschnecken (aus der Dose), abgetropft

RILLETTES
VOM SCHWEIN

SCHWIERIGKEIT
Gelehrter

VORBEREITUNG
15 Minuten

ZUBEREITUNG
5,5 Stunden
inkl. Garzeit

I. Die Koriandersaat im Mörser fein mahlen.

II. Den Backofen auf 150 °C vorheizen.

III. Das Schweineschmalz in einem Schmortopf erhitzen. Die Schalotten und den Knoblauch bei mittlerer Hitze andünsten. Den Schweinebauch und die Schweineschulter dazugeben und unter regelmäßigem Rühren 6-8 Minuten hell anbraten. Die Koriandersaat dazugeben, mit Salz und Pfeffer würzen und mit Kalbsfond ablöschen. Die Lorbeerblätter hineingeben. Die Wacholderbeeren mit der flachen Seite eines Messers leicht andrücken und zusammen mit dem Majoran, dem Thymian und dem Rosmarin in den Topf geben. Mit so viel Wasser aufgießen, dass das Fleisch komplett davon bedeckt ist. Kurz aufkochen und zugedeckt im vorgeheizten Backofen auf der untersten Schiene 4,5 bis 5 Stunden sanft schmoren. Am Ende muss das Fleisch so zart sein, dass es von selbst zerfällt.

IV. Das Fleisch in ein Sieb geben und den Sud auffangen. Das Fleisch abtropfen lassen und in eine große Schüssel geben. Die Lorbeerblätter und die Wacholderbeeren herausnehmen und entsorgen. Das Fleisch mit zwei Gabeln faserig auseinanderzupfen. Vom aufgefangenen Sud 6-8 EL Fett mit einem Esslöffel abschöpfen und unter das Fleisch mischen. Achtung: Möglichst nicht mehr Fett verwenden als angegeben, da die Rillettes sonst zu fest werden! Das Fleisch kräftig mit Salz und Pfeffer würzen.

V. Das Fleisch in die vorbereiteten, sterilisierten Gläschen geben und fest hineindrücken, bis keine Luftlöcher mehr vorhanden sind. Hierzu mit dem Boden des Glases ggf. mehrmals sanft auf die Arbeitsfläche klopfen. Vom Garsud etwas Fett abschöpfen und so auf die Gläser verteilen, dass das Fleisch komplett damit bedeckt ist. Vollständig auskühlen lassen. Die Gläser erst dann verschließen. Nach Belieben mit Nachtwachen-Schwarzbrot servieren (siehe S. 18).

6 GLÄSCHEN (À 200 G)

2 TL Koriandersaat

80 g Schalotten, fein gewürfelt

2 Knoblauchzehen, fein gewürfelt

600 g Schweinebauch, in 4-5 cm große Würfel geschnitten

600 g Schweineschulter, in 4-5 cm große Würfel geschnitten

120 g Schweineschmalz

Salz, Pfeffer

500 ml Kalbsfond

2 Lorbeerblätter

3 Wacholderbeeren

3 Stängel frischer Majoran, fein gezupft

5 Stängel frischer Thymian, fein gezupft

2 Zweige Rosmarin, fein gezupft

Außerdem erforderlich:

6 ausgekochte Gläschen mit Deckel (à 200 ml Fassungsvermögen)

43

ZWIEBEL-SUPPE

SCHWIERIGKEIT
Novize
VORBEREITUNG
5 Minuten
KOCHZEIT
40 Minuten

I. Den Thymian abspülen, abtrocknen und die Blättchen abzupfen.

II. In einem großen Topf bei starker Hitze das Butterschmalz zerlassen. Die Zwiebeln hineingeben und unter gelegentlichem Rühren 5-8 Minuten glasig dünsten. Dann die Hitze reduzieren, den Knoblauch hinzufügen und kurz mit anschwitzen. Den Thymian, das Lorbeerblatt und den Rohrzucker einrühren, mit dem Gemüsefond und dem Weißwein aufgießen und 30 Minuten sanft köcheln lassen.

III. Die Suppe nach Belieben mit Salz und Pfeffer würzen, auf tiefe Teller oder Schalen verteilen und mit etwas frischer Petersilie garnieren. Am besten mit Nachtwachen-Schwarzbrot (siehe S. 18) servieren.

5-6 PORTIONEN

5 Stängel frischer Thymian

3 EL Butterschmalz

1 kg Zwiebeln, grob gehackt

200 g rote Zwiebeln, in dünne Ringe geschnitten

4 Knoblauchzehen, fein gehackt

1 Lorbeerblatt

1 EL Rohrzucker

1 l Gemüsefond

300 ml Weißwein

Salz

Frisch gemahlener schwarzer Pfeffer

Frische Petersilie, als Garnitur

HAUPTGÄNGE

HAMMEL IN ZWIEBEL-BIER-SUD

SCHWIERIGKEIT
Gelehrter

VORBEREITUNG
10 Minuten

KOCH-/GARZEIT
2 Stunden,
15 Minuten

I. Das Olivenöl bei mittlerer Hitze in einem Bräter erwärmen. Die Lammschultern ringsum kräftig salzen und pfeffern und in dem heißen Öl 3-4 Minuten rundherum scharf anbraten. Aus dem Bräter nehmen und beiseitestellen.

II. Den Backofen auf 150 °C Umluft vorheizen.

III. Die Zwiebelringe in den Bräter geben und dunkel anbraten. Den Knoblauch hinzufügen und kurz anschwitzen. Dann die Karotten und den Sellerie dazugeben, alles gut durchmischen und das Gemüse einige Minuten von allen Seiten anbraten. Das Fleisch zurück in den Bräter geben und mit dem Bier ablöschen.

IV. Den Bräter in den vorgeheizten Ofen geben und 2 Stunden schmoren. Dabei alle 20 Minuten wenden und jeweils ein bisschen von dem Lammfond dazugießen. Sobald das Fleisch gar ist, aus dem Bräter nehmen. Vor dem Anschneiden abtropfen und 5 Minuten ruhen lassen.

V. Derweil den Zitronenabrieb und die frisch gehackte Petersilie unter den Zwiebel-Bier-Sud mischen und zusammen mit dem Lammbraten servieren. Sollte der Sud zu dünnflüssig sein, bei Bedarf mit etwas dunklem Soßenbinder andicken.

4-5 PORTIONEN

3 EL Olivenöl

2 Lammschultern, ohne Fett und Knochen (à ca. 750 g)

Salz, Pfeffer

4 große Zwiebeln, in dünne Ringe geschnitten

3 Knoblauchzehen, fein gehackt

2 Karotten, fein gehackt

½ kleiner Knollensellerie, fein gehackt

500 ml dunkles Bier

500 ml Lammfond

Abrieb von ½ Zitrone

Etwas frische Petersilie, fein gehackt

Dunkler Soßenbinder (optional)

Da der Alkohol im Bier verkocht, können auch Kinder diese Rippchen bedenkenlos genießen! Alternativ einfach Malzbier verwenden.

FREY-PASTETE

SCHWIERIGKEIT
Novize

ZUBEREITUNG
45 Minuten
inkl. Ruhezeit

GARZEIT
45-50 Minuten

I. Das Olivenöl in einem großen Topf erhitzen. Die Zwiebel hineingeben und glasig anschwitzen. Die Schinkenwürfel hinzufügen und anbraten. Das Hackfleisch dazugeben und unter gelegentlichem Rühren scharf anbraten. Mit Salz, Pfeffer und Muskatnuss würzen. Die Karotten, die Steckrüben, die Champignons, den Oregano und den Rosmarin dazugeben und 3 Minuten garen. Dann vom Herd nehmen und beiseitestellen.

II. Die Butter in einem kleinen Topf zerlassen und mit einem Schneebesen das Mehl unterrühren. Zusammen mit dem Rinderfond in den Topf mit dem Hackfleisch geben und offen so lange köcheln lassen, bis kaum noch Flüssigkeit übrig ist.

III. Den Backofen auf 160 °C vorheizen.

IV. Für den Mürbeteig sämtliche Zutaten in einer Schüssel gründlich miteinander verkneten und abgedeckt mit Frischhaltefolie für 30 Minuten in den Kühlschrank stellen. Anschließend zwei Drittel des Teigs auf einer leicht mit Mehl bestreuten Arbeitsfläche ca. 3 mm dick ausrollen. Eine Springform mit dem Teig auslegen. Den Teig leicht an den Rändern der Form andrücken und oben etwas überstehen lassen.

V. Die möglichst »trockene« Hackfleischfüllung gleichmäßig in die Form geben und glattstreichen. Den übrigen Teig so ausrollen, dass er vom Durchmesser her zur Springform passt. Die Füllung damit bündig abdecken, ein bisschen andrücken und den an den Rändern überstehenden Teig umschlagen. Mit etwas verquirlten Ei bepinseln, die Oberseite kreuzförmig mit einem Messer einschneiden und die Pastete 45-50 Minuten im vorgeheizten Ofen backen. Dann herausnehmen und vor dem Servieren unbedingt 5 Minuten ruhen lassen!

4 PORTIONEN

Für die Pastetenfüllung:

1-2 EL Olivenöl, zum Anbraten

1 Zwiebel, fein gewürfelt

100 g Schinkenwürfel

750 g gemischtes Hackfleisch (Rind und Schwein)

Salz, Pfeffer

1 TL Muskatnuss

2 Karotten, fein gewürfelt

100 g Steckrüben, fein gewürfelt

125 g Champignons, geviertelt

½ TL Oregano

½ TL Rosmarin

50 g Butter

30 g Mehl

200 ml Rinderfond

1 Ei, verquirlt

Für den Mürbeteig:

225 g kalte Butter, gewürfelt

300 g Mehl

1 EL Zucker

1 TL Salz

130 ml Buttermilch

Außerdem benötigt:

Springform (ca. 18 cm Ø)

GOLDBRATEN DES HAUSES LENNISTER

SCHWIERIGKEIT
Novize

VORBEREITUNG
5 Minuten

GARZEIT
2 Stunden

I. Den Backofen auf 175 °C Umluft vorheizen. Ein Backblech mit einem großen Stück Alufolie auslegen.

II. In einer Schüssel die Schalotten, den Knoblauch, den Senf, den Meerrettich, den Majoran, das Kurkuma, den schwarzen Pfeffer, die Safranfäden und das Meersalz vermischen.

III. In einer beschichteten Pfanne bei mittlerer Hitze das Olivenöl erwärmen und den Schweinebraten darin ringsum scharf anbraten. Den Braten dann mittig auf die Alufolie auf dem Backblech legen und ringsum großzügig mit der Marinade bestreichen. In die Alufolie einschlagen und ca. 2 Stunden im vorgeheizten Ofen garen; dabei alle 20 Minuten mit weiterer Marinade bestreichen.

IV. Vor dem Anschneiden aus dem Ofen nehmen und einige Minuten in der Alufolie ruhen lassen.

4 PORTIONEN

2 Schalotten, fein gehackt

1 Knoblauchzehe, fein gehackt

8 EL Senf (mittelscharf)

2 EL geriebener Meerrettich

1 EL Majoran

2 EL Kurkuma

1 EL schwarzer Pfeffer

1 Prise Safranfäden

1 EL Meersalz

2 EL Olivenöl

1 Schweinelachsbraten
(ca. 1 kg)

KÖNIGLICHE EBERRIPPCHEN

SCHWIERIGKEIT
Gelehrter

ZUBEREITUNG
30 Minuten

GARZEIT
3 Stunden

I. In einem kleinen Topf bei mittlerer Hitze das Olivenöl erwärmen. Die Schalotten und den Knoblauch hineingeben und glasig dünsten. Die Currypaste, den Ketchup, das Bier, die Worcestershiresauce, den Zuckerrübensirup und den Apfelessig hinzufügen, alles gut vermengen und unter gelegentlichem Rühren 25 Minuten köcheln lassen, um die Marinade merklich einreduzieren. Schließlich mit einem Pürierstab im Topf fein pürieren, sodass keine Stückchen mehr zu sehen sind.

II. Den Backofen auf 135 °C Umluft vorheizen.

III. Ein Backblech mit Backpapier auslegen und einen Bratrost darauf stellen.

IV. Die Rippchen mit der Fleischseite nach unten auf den Rost legen, großzügig mit Pfeffer und Salz würzen und ringsum mit der Marinade einpinseln. Auf mittlerer Schiene in den Ofen geben und ca. 3 Stunden schmoren lassen; dabei regelmäßig (mindestens alle 20 Minuten) wenden und mit der Marinade bestreichen.

V. Sind die Rippchen gar, im abgeschalteten Backofen noch einige Minuten ruhen lassen. Dann aufschneiden, mit Weintrauben und Käsewürfeln auf einem großen Teller anrichten und sofort servieren.

4-6 PORTIONEN

1 EL Olivenöl

2 Schalotten, fein gehackt

1 Knoblauchzehe, fein gehackt

2 TL rote Currypaste

100 ml Tomatenketchup

300 ml Bier oder Malzbier

2 EL Worcestershiresauce

2 EL Zuckerrübensirup

1 EL Apfelessig

1,5 kg Schweinerippchen, im Stück

Salz

Pfeffer

Weintrauben, als Garnitur

Käsewürfel, als Garnitur

Da der Alkohol im Bier verkocht, können auch Kinder diese Rippchen bedenkenlos genießen! Alternativ einfach Malzbier verwenden.

ERBSENSUPPE

SCHWIERIGKEIT
Novize

VORBEREITUNG
10 Minuten

KOCHZEIT
45 Minuten

I. Das Schweineschmalz bei mittlerer Hitze in einem großen Topf zerlassen. Die Zwiebeln darin glasig dünsten. Das gehackte Suppengemüse hinzufügen und anschwitzen. Nach 2-3 Minuten den Kasseler Nacken dazugeben, wiederum 2-3 Minuten später die Kartoffelwürfel. Mit dem Gemüsefond ablöschen, mit dem Wasser aufgießen und die TK-Erbsen unterrühren. Offen 30 Minuten köcheln lassen.

II. Derweil in einer beschichteten Pfanne mit etwas Butter bei mittlerer Hitze die Baconscheiben ringsum kross anbraten (2-3 Minuten pro Seite). Zum Abtropfen auf einen mit Küchenpapier ausgelegten Teller geben und zum Warmhalten locker mit Alufolie abdecken.

III. Mit einem Kartoffelstampfer die Suppe grob stampfen. Nach Belieben mit Pfeffer, Selleriesalz, Liebstöckel, Majoran und einem kräftigen Spritzer Apfelessig abschmecken. Auf Suppenteller verteilen und mit dem gebratenen Speck garniert servieren.

6-8 PORTIONEN

2 EL Schweineschmalz

2 Zwiebeln, fein gehackt

1 Bund Suppengemüse (Sellerie, Karotte, Porree), fein gehackt

300 g Kasseler Nacken, grob gewürfelt

4 mittelgroße Kartoffeln (mehligkochend), fein gewürfelt

1 l Gemüsefond

500 ml Wasser

800 g TK-Erbsen

Pfeffer, Selleriesalz, Liebstöckel, Majoran, nach Belieben

1 EL Apfelessig

Etwas Butter zum Anbraten

6-8 dicke Streifen Bacon, nach Belieben

Wie die meisten Suppen schmeckt auch diese besonders köstlich, wenn sie richtig durchgezogen ist. Also am besten schon am Vorabend zubereiten und am nächsten Tag zum Servieren bloß nochmal kurz aufwärmen!

LAMMKARREE MIT SCHMORGEMÜSE

SCHWIERIGKEIT
Gelehrter

VORBEREITUNG
15 Minuten

KOCH-/GARZEIT
60 Minuten

I. Den Backofen auf 180 °C Umluft vorheizen.

II. Die Knoblauchzehen und die Schalotten schälen und halbieren. Die Karotten, die Petersilienwurzeln und die Kartoffeln schälen und je nach Größe halbieren oder in größere Stücke schneiden. Die Selleriestangen waschen, abfädeln und in Stücke schneiden. Die Paprikaschoten waschen, putzen und in Stücke schneiden.

III. In einem Schmortopf bei mittlerer Hitze 2 EL Olivenöl erhitzen. Das vorbereitete Gemüse darin 6-8 Minuten anschwitzen. Kräftig mit Salz und Pfeffer würzen. Mit dem Geflügelfond aufgießen und den Schmortopf für 30 Minuten in den vorgeheizten Ofen schieben.

IV. In der Zwischenzeit die Kräuter abspülen, trocken schütteln und die Blättchen abzupfen. Die Kräuter dann mit den Weißbrotwürfeln im Mixer fein zerkleinern.

V. Die Lammkarrees mit Salz und Pfeffer würzen und in einer beschichteten Pfanne mit dem restlichen Olivenöl ringsum anbraten (4-5 Minuten). Das Fleisch dann auf das Gemüse im Schmortopf setzen und großzügig mit den Kräuterbröseln bedecken. Die Butter in kleinen Flöckchen darauf verteilen. Den Schmortopf nochmals für ca. 15 Minuten in den Ofen schieben. Das Fleisch ist perfekt, wenn es im Kern noch leicht rosa ist.

VI. Die Lammkarrees nach Belieben in Koteletts teilen und zusammen mit dem Schmorgemüse servieren.

4 PORTIONEN

- 2 Knoblauchzehen
- 6 Schalotten
- 4 kleine Karotten
- 3 Petersilienwurzeln
- 12 kleine Kartoffeln
- 3 Selleriestangen
- 1 rote Paprikaschote
- 1 gelbe Paprikaschote
- 4 EL Olivenöl
- Salz, Pfeffer
- 200 ml Geflügelfond
- Je 1 Stängel Petersilie, Thymian, Rosmarin
- 1 Scheibe Weißbrot, gewürfelt
- 2 Lammkarrees (à ca. 400 g)
- 30 g Butter

MANDELFORELLE

SCHWIERIGKEIT
Novize

VORBEREITUNG
10 Minuten

GARZEIT
20 Minuten

I. Den Backofen auf 200 °C Umluft vorheizen. Ein Backblech mit Backpapier auslegen.

II. Die Forellen unter fließend kaltem Wasser abspülen; dabei die Bauchhöhlen gut säubern. Mit Küchenpapier trocken tupfen. Innen und außen kräftig mit Salz und Pfeffer würzen.

III. Die Zitrone heiß abspülen und abtrocknen. Etwas mehr als die Hälfte der Zitrone in sehr dünne Scheiben schneiden; den Rest auspressen.

IV. Die Forellen gleichmäßig mit den Zitronenscheiben und Dreiviertel der gehackten Petersilie füllen.

V. Die Butter bei mittlerer Hitze in einem kleinen Topf zerlassen und mit dem Zitronensaft verrühren. Die Forellen großzügig damit einpinseln, die Fische auf das Backblech legen und 6-8 Minuten im vorgeheizten Ofen garen. Dann wenden, erneut mit der Zitronenbutter bepinseln, gleichmäßig mit den gehobelten Mandeln bestreuen und weitere 10 Minuten garen. Schließlich aus dem Ofen nehmen, mit der restlichen Zitronenbutter bestreichen, mit der übrigen gehackten Petersilie bestreuen und möglichst heiß servieren.

4 PORTIONEN

4 Forellen (à ca. 375 g), küchenfertig

Salz

Pfeffer

1 Zitrone

½ Bund frische Petersilie, fein gehackt

100 g Butter

4 EL gehobelte Mandeln

TYRIONS LIEBLINGS-LAMMKEULE

SCHWIERIGKEIT
Novize

VORBEREITUNG
10 Minuten

KOCH-/GARZEIT
2,5-3 Stunden

I. Die Lammkeule unter kaltem Wasser abspülen, trocken tupfen und von Haut und Sehnen befreien. Ringsum kräftig salzen und pfeffern.

II. Die ungeschälte Knoblauchzehen mit der flachen Seite einer Messerklinge leicht zerdrücken.

III. Den Backofen auf 150 °C Umluft vorheizen.

IV. In einem großen Bräter bei mittlerer Hitze das Olivenöl erwärmen. Die Lammkeule hineingeben und ringsum kräftig anbraten (5-6 Minuten). Aus dem Bräter nehmen und beiseitestellen.

V. Die Zwiebeln in den Bräter geben und glasig dünsten. Dann den Knoblauch, die Karotten und den Sellerie hinzufügen und unter regelmäßigem Rühren anbraten. Das Tomatenmark, den Thymian und den Rosmarin hinzufügen und kurz mitbraten. Mit dem Traubensaft und dem Lammfond aufgießen und 10 Minuten einkochen lassen.

VI. Die Lammkeule so auf das Gemüse im Bräter legen, dass das Fleisch fast vollständig mit Flüssigkeit bedeckt ist, und kurz aufkochen. Den Bräter dann auf der zweituntersten Schiene 2–2,5 Stunden im Ofen schmoren bzw. so lange, bis das Fleisch wunderbar weich und zart ist. Dann aus dem Bräter nehmen, in Alufolie wickeln und im ausgeschalteten Ofen warm halten.

VII. Den Bratenfond aus dem Bräter durch ein Sieb in einen kleinen Topf gießen. Das Gemüse ausdrücken und entsorgen. Die Stärke mit 1 EL Wasser glattrühren, mit in den Topf geben und unter stetem Rühren kurz aufkochen, damit die Soße eindickt.

VIII. Zum Anrichten die Lammkeule aus der Alufolie nehmen und auf einen Servierteller geben. Nach Belieben mit Pinienkernen garnieren und zusammen mit der Soße servieren.

4 PORTIONEN

1 Lammkeule (ca. 1,5 kg)

Salz

Pfeffer

4 EL Olivenöl

3 große Zwiebeln, fein gewürfelt

4 Knoblauchzehen

4 Karotten, fein gewürfelt

2 Selleriestangen, fein gewürfelt

3 TL Tomatenmark

3 Stängel frischer Thymian

2 Zweige Rosmarin

100 ml roter Traubensaft

900 ml Lammfond

2 TL Speisestärke

1 EL Wasser

Pinienkerne, als Garnitur

DORNISCHE WACHTELN

SCHWIERIGKEIT
Gelehrter

VORBEREITUNG
10 Minuten

KOCH-/GARZEIT
90 Minuten

I. Den Zucker in einen beschichteten Topf geben und bei mittlerer Hitze goldbraun karamellisieren. Dann 60 g der Butter dazugeben, die Schalotten hinzufügen und glasig dünsten. Mit 250 ml Geflügelfond aufgießen und leicht salzen und pfeffern. Den Deckel aufsetzen, die Hitze reduzieren und 20 Minuten sanft köcheln lassen. Dann den Deckel abnehmen und weitere 30 Minuten sirupartig einkochen. Den Zitronensaft unterrühren. Den Topfinhalt in die Auflaufform geben. Die getrockneten Aprikosen und Tomaten hinzufügen und alles gut vermischen.

II. Den Backofen auf 200 °C Umluft vorheizen.

III. Die Kardamomkapseln leicht andrücken. Die Orange mit Schale in sechzehn kleine Stücke schneiden. Jede Wachtel mit zwei Kardamomkapseln, zwei Orangenstücken und einem halben Lorbeerblatt füllen. Die Beine der Wachteln mit Küchengarn zusammenbinden.

IV. In einem kleinen Topf bei mittlerer Hitze die übrige Butter zerlassen und mit dem Honig verrühren. Die Wachteln ringsum damit einpinseln und in die Auflaufform setzen. Die restliche Brühe dazugießen und im unteren Drittel des Ofens 20 Minuten garen.

V. Die Minze abspülen, trocken schütteln und die Blättchen abzupfen.

VI. In der Zwischenzeit nach Packungsanleitung das Couscous zubereiten.

VII. Sobald die Wachteln gar sind, aus der Auflaufform nehmen. Dafür den Couscous hinzugeben und alles sorgsam vermischen. Den Frucht-Couscous anschließend auf flache Teller verteilen, jeweils zwei Wachteln daraufsetzen und nach Belieben mit der Minze und den Granatapfelkernen garnieren.

4 PORTIONEN

60 g Zucker

100 g Butter

300 g Schalotten, fein gehackt

400 ml Geflügelfond

Salz

Frisch gemahlener schwarzer Pfeffer

2 EL Zitronensaft

50 g getrocknete Aprikosen

20 g getrocknete Tomaten

16 grüne Kardamomkapseln

1 kleine Orange

8 Wachteln (à ca. 180 g), küchenfertig

4 Lorbeerblätter

4 EL Lavendelhonig

1 Stängel Minze

200 g Couscous

Granatapfelkerne, als Garnitur

Außerdem erforderlich:

Küchengarn, Auflaufform (ca. 22 x 20 cm)

NIERENPASTETE DER ALTEN NAN

SCHWIERIGKEIT
Novize

VORBEREITUNG
15 Minuten

ZUBEREITUNG
3 Stunden
inkl. Ruhezeit

I. Die Rinderniere mit kaltem Wasser abspülen und mit Küchenpapier trocken tupfen. Mit einem scharfen Messer die Membran rings um die Niere entfernen, falls noch nicht geschehen. Sehnen und Fett entfernen. Das Fleisch fein würfeln.

II. Das Vollkornmehl in eine Schüssel sieben und in der Mitte eine Mulde formen. Die Butterflocken, 1 EL Salz, die Eier und 2 EL Wasser in die Vertiefung geben und zügig zu einem geschmeidigen Teig verkneten. In Frischhaltefolie wickeln und für 2 Stunden in den Kühlschrank geben.

III. In einer Pfanne bei mittlerer Hitze das Olivenöl erwärmen. Die Zwiebeln darin glasig anschwitzen. Das Fleisch hinzufügen und ringsum scharf anbraten. Die Champignons, die Karotten und den Sellerie daruntergeben und weitere 8-10 Minuten braten.

IV. Unterdessen den Thymian waschen und trocken schütteln. Die Blättchen abzupfen und mit in die Pfanne geben. Mit dem Rinderfond aufgießen und 8-10 Minuten offen köcheln lassen. Mit Salz und Pfeffer abschmecken.

V. Den Backofen auf 180 °C Umluft vorheizen.

VI. Den Teig aus dem Kühlschrank nehmen und in drei gleich große Portionen aufteilen. Zwei Teigportionen auf einer leicht mit Mehl bestreuten Arbeitsfläche ausrollen und die Pastetenförmchen damit auskleiden. Die Fleisch-Gemüse-Mischung gleichmäßig auf die Förmchen verteilen und bis kurz unter den Rand füllen. Den übrigen Teig ausrollen und Kreise daraus ausstechen, die etwas größer sind als die Förmchen. Jeweils ein Teigrund auf jede Pastete legen und mit der Gabel einige Löcher hineinstechen.

VII. In einer Tasse das Eigelb mit 1 EL Wasser verrühren und die Oberseiten der Pasteten damit bestreichen. 25 Minuten im Ofen backen. Die Pasteten dann mit etwas Cheddar bestreuen und weitere 5 Minuten backen. Herausnehmen, die Pasteten behutsam aus den Formen lösen, nach Belieben mit etwas frischer Petersilie garnieren und warm servieren.

8 STÜCK

1 Rinderniere (alternativ 500 g gewürfeltes Rindfleisch oder Rinderhack)

500 g Dinkelvollkornmehl

225 g Joghurtbutter, in Flocken

Salz

2 Eier

2 EL Wasser, plus 1 EL zum Verquirlen mit dem Eigelb

1 EL Olivenöl

2 Zwiebeln, fein gehackt

250 g Champignons, in dünne Scheiben geschnitten

2 Karotten, fein gewürfelt

1 Selleriestange, fein gewürfelt

3 Stängel frischer Thymian

250 g Rinderfond

Pfeffer

1 Eigelb

Etwas geriebener Cheddar, zum Gratinieren

Etwas frische Petersilie, als Garnitur

Außerdem erforderlich:

8 Pastetenförmchen (ca. 10 cm Ø)

SONNSPEER-TAJINE

SCHWIERIGKEIT
Novize

VORBEREITUNG
10 Minuten

KOCHZEIT
50 Minuten

I. In einer Schüssel 1 EL Olivenöl, das Tomatenmark und die Harissa-Gewürzpaste mit dem Pfeffer und dem Salz vermischen.

II. Die Hähnchenkeulen kalt abspülen, mit Küchenpapier trocken tupfen und ringsum großzügig mit der Gewürzmischung einpinseln.

III. Bei mittlerer Hitze 2 EL Olivenöl in einer tiefen Pfanne erwärmen. Die Zwiebel, den Knoblauch und den Ingwer 2-3 Minuten anschwitzen. Die Hühnerkeulen mit hineingeben und ringsum kurz anbraten. Die gehackten Aprikosen, die Kichererbsen, die Linsen, die Granatapfelkerne, die Rosinen und die Zimtstange hinzufügen und alles gut vermischen. Mit dem Gemüsefond und dem Orangensaft aufgießen und unter regelmäßigem Rühren aufkochen lassen. Den Zitronensaft unterrühren, den Deckel aufsetzen und 20 Minuten schmoren lassen. Dann den Deckel abnehmen und weitere 20 Minuten offen garen.

IV. Direkt vor dem Servieren den frisch gehackten Koriander untermischen. Die Zimtstange herausnehmen und entsorgen.

Falls ihr für die Zubereitung dieses Gerichts eine Tajine verwendet, verfahrt genauso wie mit der Pfanne, bloß mit dem Unterschied, dass der Deckel des Lehmtopfs die ganze Zeit geschlossen bleibt!

4 PORTIONEN

3 EL Olivenöl

3 EL Tomatenmark

½ TL Harissa (Gewürzpaste)

1 TL Salz

1 TL Pfeffer

8 Hähnchenkeulen

1 rote Zwiebel, fein gewürfelt

1 Stück frischer Ingwer (ca. 3 cm), fein gehackt

2 Knoblauchzehen, fein gewürfelt

6 getrocknete Aprikosen, grob gehackt

100 g Kichererbsen (aus der Dose), abgetropft

100 g gelbe Linsen (aus der Dose), abgetropft

4 EL Granatapfelkerne

3 EL Rosinen

1 Zimtstange

200 ml Gemüsefond

100 ml Orangensaft

Saft von ½ Zitrone

2 Stängel Koriander, fein gehackt

Außerdem erforderlich:

Tajine (optional), alternativ eine tiefe Pfanne

TYWIN LENNISTERS OCHSENSCHWANZ-SUPPE

SCHWIERIGKEIT
Novize

VORBEREITUNG
10 Minuten

ZUBEREITUNG
2,5 Stunden

I. Den Ochsenschwanz vom Metzger in fingerlange Stücke schneiden lassen oder selbst hacken.

II. Falls ihr die Suppe in Brotlaiben servieren wollt, die Brote vorsichtig aushöhlen, sodass die Kruste unten und an den Seiten intakt bleibt.

III. Bei mittlerer Hitze die Hälfte der Butter in einem großen Topf zerlassen. Die Zwiebeln hineingeben und glasig dünsten. Die angebratenen Zwiebeln herausnehmen und beiseitestellen. Dafür die Ochsenschwanzstücke in den Topf geben und ringsum kräftig anbraten (5-6 Minuten). Das Suppengemüse und die Lorbeerblätter hinzufügen und kurz anrösten. Die Zwiebeln wieder dazugeben. Mit dem Wasser auffüllen, leicht salzen und 1,5-2 Stunden köcheln lassen bzw. so lange, bis sich das Fleisch mühelos vom Knochen lösen lässt. Die Ochsenschwanzstücke herausnehmen und das Fleisch abzupfen. Die Brühe durch ein Sieb in ein sauberes Behältnis seihen.

IV. Den Topf ausspülen und bei mittlerer Hitze die restliche Butter zerlassen. Das Mehl und den Zucker dazugeben, alles sorgsam verrühren und trocken werden lassen. Dann eine Schöpfkelle nach der anderen die Rinderbrühe dazugeben und unterrühren, bis das Ganze wieder flüssig wird. Die übrige Brühe in den Topf füllen und mit Salz, Paprikapulver, Pfeffer und einer Prise Zucker würzen. Mit dem Rotwein aufgießen und das abgezupfte Fleisch in die Suppe geben. Nochmals 10 Minuten köcheln lassen.

V. Derweil in einem Topf mit kräftig gesalzenem Wasser nach Packungsanleitung die Bandnudeln zubereiten. Dann sorgsam abgießen, mit in die Suppe geben, alles vermischen und nach Belieben in den ausgehöhlten Broten oder ganz normal auf tiefen Tellern servieren.

4 PORTIONEN

500 g Ochsenschwanz

4 EL Butter

2 Zwiebeln, fein gehackt

½ Bund Suppengrün (z. B. Sellerie, Porree, Petersilie), fein gehackt

2 Lorbeerblätter

1,5 l Wasser

Salz

3 EL Mehl

1 TL Paprikapulver (edelsüß)

Pfeffer

1 Prise Zucker

250 ml Rotwein (trocken)

250 g Bandnudeln

Außerdem erforderlich:

4 feste kleine Brotlaibe zum Servieren (optional)

DORNISCHE »SCHLANGE« MIT FEURIGER SOSSE

SCHWIERIGKEIT
Novize

ZUBEREITUNG
5 Minuten

ZIEHZEIT
1 Stunde

I. Die Tomatensalsa, die Chilisoße, das Ajvar und nach Belieben (je nachdem, wie scharf die Soße werden soll) das Sambal Oelek in einer kleinen Schüssel vermischen.

II. Die Schalotte und den Knoblauch hinzufügen und alles gut durchrühren. Locker mit Frischhaltefolie abgedeckt mindestens 1 Stunde im Kühlschrank ziehen lassen. Vor dem Servieren nochmals gründlich durchrühren.

III. Zusammen mit dem küchenfertigen Räucheraal auftischen.

2-3 PORTIONEN

Für die feurige Soße:

5 EL Tomatensalsa

5 EL Chilisoße

2 EL Ajvar

1-2 EL Sambal Oelek, nach Belieben

½ Schalotte, fein gehackt

1 Knoblauchzehe, fein gepresst

1 Räucheraal (à 300 g), küchenfertig

BENJEN STARKS ELCHBÄLLCHEN

SCHWIERIGKEIT
Novize

VORBEREITUNG
10 Minuten

KOCHZEIT
25 Minuten

I. Die Aktivkohle mit Mörser und Stößel zu einem feinen Pulver zermahlen. Alternativ die Tabletten in einen Gefrierbeutel geben, auf die Arbeitsfläche legen und mit einer Pfanne fein zerbröseln.

II. Das Hackfleisch, die Semmelbrösel, das Ei, die Schalotte und den Senf mit dem Kohlepulver in eine Schüssel geben, nach Belieben mit Salz, Pfeffer und Muskatnuss würzen und alles gründlich verkneten. Aus der Fleischmasse mit leicht angefeuchteten Händen golfballgroße Bällchen formen.

III. In einer großen Pfanne bei mittlerer Hitze die Butter zerlassen und die Hackbällchen von allen Seiten ringsum goldbraun anbraten (6-8 Minuten). Dann aus der Pfanne nehmen, zum Abtropfen auf einen mit Küchenpapier ausgelegten Teller geben und locker mit Alufolie abdecken. Bei Bedarf bei 50 °C Umluft im vorgeheizten Backofen warmhalten, während ihr die Zwiebelsoße zubereitet.

IV. Hierzu die Zwiebeln in das Bratfett in der Pfanne geben und ringsum kräftig anbraten. Den Knoblauch hinzufügen und anschwitzen. Mit dem Rinderfond ablöschen. Den Zitronensaft und das Bratensoßenpulver dazugeben, alles vermischen und kurz aufkochen. Den Schmand unterrühren, nach Belieben mit Salz und Pfeffer würzen und die Hackbällchen zusammen mit dem Raclettekäse in die heiße Zwiebelsoße geben. Einige Minuten warten, bis die Hackbällchen warm sind und der Käse zu zerlaufen beginnt, dann zeitnah servieren.

4 PORTIONEN

Für die Hackbällchen:

5 Tabletten Aktivkohle (aus der Apotheke)

600 g Elchhackfleisch, alternativ Rinderhack

20 g Semmelbrösel

1 Ei

1 Schalotte, fein gewürfelt

2 EL Senf (mittelscharf)

Salz, Pfeffer

1 Prise Muskatnuss

2 EL Butter

Für die Zwiebelsoße:

250 g Zwiebeln, fein gehackt

1 Knoblauchzehe, fein gehackt

150 ml Rinderfond

1 EL Zitronensaft

2 EL braunes Bratensoßenpulver

2 EL Schmand

Salz, Pfeffer

150 g Raclettekäse, in Stücke geschnitten

BOHNEN-SPECK-EINTOPF

SCHWIERIGKEIT
Novize

VORBEREITUNG
10 Minuten

KOCHZEIT
Ca. 2 Stunden

I. Bei mittlerer Hitze in einem großen Topf die Butter zerlassen. Die Zwiebel hineingeben und glasig dünsten. Die Schinkenwürfel bzw. die Speckstreifen hinzufügen und ringsum scharf anbraten (1-2 Minuten). Das Rindfleisch mit in den Topf geben und ebenfalls scharf anbraten (2-3 Minuten). Das Suppengrün hinzufügen, alles vermischen und 2-3 Minuten andünsten. Mit dem Rinderfond ablöschen und mit dem Wasser aufgießen.

II. Die Kartoffeln und die Brechbohnen mit in den Topf geben. Mit dem Bohnenkraut, dem Estragon, dem Selleriesalz, dem Pfeffer und dem Zucker würzen und die Lorbeerblätter hinzufügen. Aufkochen, die Hitze reduzieren und das Ganze unter gelegentlichem Rühren ca. 2 Stunden köcheln lassen bzw. so lange, bis die Rindfleischwürfel von allein auseinanderfallen.

III. Den Eintopf nach Belieben mit Kräuteressig würzen und unmittelbar vor dem Servieren die fein gehackte Petersilie unterheben.

Wie die meisten Eintöpfe schmeckt auch dieser besonders gut, wenn er richtig durchgezogen ist. Also am besten schon am Vorabend zubereiten und am nächsten Tag zum Servieren bloß nochmal kurz aufwärmen!

8 PORTIONEN

1 EL Butter

1 große Zwiebel, fein gehackt

200 g Schinkenwürfel oder Speck, in kleine dünne Streifen geschnitten

500 g Rinderfleisch (z. B. Rinderbraten, Beinscheibe oder Suppenfleisch), in mundgerechte Würfel geschnitten

1 Bund Suppengrün (z. B. Sellerie, Karotte, Lauch), fein geschnitten

500 ml Rinderfond

1 l Wasser

700 g Kartoffeln (mehligkochend), fein gewürfelt

1 kg Brechbohnen
(TK oder aus dem Glas)

2 EL Bohnenkraut

2 EL Estragon

2 EL Selleriesalz

1 EL Pfeffer

1 Prise Zucker

2 Lorbeerblätter

2–4 EL Kräuteressig,
nach Belieben

2 EL Petersilie, fein gehackt

DAZU

ERBSENBREI

SCHWIERIGKEIT
Novize

VORBEREITUNG
5 Minuten

ZUBEREITUNG
20 Minuten

I. In einer Pfanne bei mittlerer Hitze die Butter und das Olivenöl erwärmen. Die Zwiebeln hineingeben und 3-4 Minuten andünsten.

II. Von den aufgetauten TK-Erbsen einige als Garnitur abnehmen. Den Rest zusammen mit dem Gemüsefond und der Minze in die Pfanne geben, vermengen und 5–6 Minuten garen.

III. Mit der Soja-Sahne aufgießen und 1 Minute köcheln lassen. Im Topf mit einem Pürierstab nicht zu fein pürieren. Nach Belieben mit Salz und frisch gemahlenem schwarzem Pfeffer würzen.

IV. Mit etwas frischer Kresse garniert servieren.

4 PORTIONEN

10 g Butter

1 EL Olivenöl

100 g Zwiebeln, fein gehackt

450 g TK-Erbsen, aufgetaut

250 ml Gemüsefond

Etwas frische Minze,
sehr fein gehackt

80 ml Soja-Sahne

Salz

SCHATTENWOLF-BROT

SCHWIERIGKEIT
Novize

ZUBEREITUNG
1 Stunde
inkl. Ruhezeit

BACKZEIT
11-13 Minuten

I. Für die Schattenwolfbrot-Schablonen die Vorlagen hinten in diesem Buch auf ein dünnes Blatt Papier abpausen, auf Pappe kleben und ausschneiden.

II. In einer Schüssel das Mehl, das Natron, den Ingwer, den Zimt, die Muskatnuss und den Backkakao gründlich miteinander vermischen. Die Butter hinzufügen und mit einem Handrührgerät durcharbeiten, bis ein feinkrümeliger Teig entsteht.

III. Den braunen Zucker und das Salz dazugeben und unterrühren.

IV. In einer separaten Schüssel das Ei mit dem Zuckerrübensirup verquirlen und zu den übrigen Zutaten geben. Alles miteinander verrühren und mit den Händen glatt verkneten. Den Teig dann fest und möglichst luftdicht in Frischhaltefolie wickeln und für 30 Minuten in den Kühlschrank geben.

V. In der Zwischenzeit den Backofen auf 180 °C Ober-/Unterhitze vorheizen und zwei Backbleche mit Backpapier auslegen.

VI. Den Teig auf einer leicht mit Mehl bestreuten Arbeitsfläche ca. 1 cm dick ausrollen. Die Schablonen auf den Teig legen und mit einem kleinen, scharfen Messer die Umrisse umfahren. Die einzelnen »Brote« auf die vorbereiteten Backbleche legen und mit dem Messer nach Belieben mit Details versehen. 11-13 Minuten backen.

10-15 STÜCK

350 g Mehl

1 TL Natron

2 TL gemahlener Ingwer

1 TL Zimt

1 Prise Muskatnuss

1 EL Backkakao

125 g Butter

175 g brauner Zucker

1 Prise Salz

1 Ei

4 EL Zuckerrübensirup

Außerdem erforderlich:

Schattenwolfbrot-Schablonen
(siehe S. 156)

Sollten die Schattenwolfbrote zu hart werden, 2-3 Tage mit einem Stück Apfel in einer Keksdose lagern. Dadurch wird das Brot wieder weicher.

SANDSCHLANGEN-KICHERERBSEN

SCHWIERIGKEIT
Novize
VORBEREITUNG
5 Minuten
KOCHZEIT
15-20 Minuten

I. Die abgetropften Kichererbsen mit Küchenpapier trocken tupfen. Zusammen mit dem Pflanzenöl, dem Salz, dem Paprikapulver, dem Kurkuma, dem Kümmel und dem Kreuzkümmel in einer Schüssel vermischen.

II. Bei mittlerer Hitze eine beschichtete Pfanne erwärmen. Die Kichererbsen hineingeben und 15-20 Minuten anrösten; dabei nicht umrühren, sondern die Pfanne schwenken, damit die Kichererbsen möglichst intakt bleiben. Sobald die Kichererbsen goldbraun und knusprig sind, zum Abtropfen auf einen mit Küchenpapier ausgelegten Teller geben und vor der Verwendung kurz abkühlen lassen.

III. Mit einem Zitronenschnitz garniert servieren.

2-3 PORTIONEN

300 g Kichererbsen (aus der Dose), abgetropft

4 EL Pflanzenöl

2 TL Salz

2 TL Paprikapulver (edelsüß)

2 TL Kurkuma

2 TL gemahlener Kümmel

2 TL gemahlener Kreuzkümmel

Zitronenschnitze, als Garnitur

BUTTERRÜBEN DES LORD-KOMMANDANTEN

I. Die Steckrüben waschen und putzen. Die Enden auf beiden Seiten mit einem scharfen Messer kappen, um den Rüben einen besseren Stand zu verleihen. Dann die Rüben mit einem großen, scharfen Messer senkrecht von der Mitte her in acht gleich große Dreiecke schneiden, jedoch nicht ganz bis zum Boden, sodass die Rüben an der Unterseite noch zusammenhängen, wie bei einer sich öffnenden Blüte (siehe Bild). Die Schale dranlassen.

II. Den Backofen auf 190 °C vorheizen.

III. 8 EL der Butter bei mittlerer Hitze in einem kleinen Topf zerlassen. Den Estragon, den Knoblauch, die Kapern, den Zucker, die Kümmelsaat und das Olivenöl hinzufügen und alles gut vermischen. Die Schalotten und die Steckrüben in einen Bräter geben. Die Buttersoße über die Rüben gießen; dabei darauf achten, dass die Soße auch in die Spalten des Gemüses dringt. Jede Rübe mit einer Butterflocke krönen und mit dem geräucherten Paprikapulver bestreuen. Mit etwas Olivenöl beträufeln und nach Belieben mit zerstoßenem schwarzem Pfeffer würzen.

IV. 2,5 Stunden im vorgeheizten Ofen backen bzw. so lange, bis die Rüben gabenzart und goldbraun sind; dabei regelmäßig mit der Buttersoße aus dem Bräter beträufeln.

SCHWIERIGKEIT
Novize

ZUBEREITUNG
15 Minuten

GARZEIT
2,5 Stunden

4 PORTIONEN

4 Steckrüben

8 EL Butter, plus 4 EL Butter, in Flocken

2 EL Estragon

1 EL Knoblauch, fein gehackt

2 EL Kapern (aus dem Glas), abgetropft

1 EL Kümmelsaat

1 TL Zucker

2 EL Olivenöl, plus etwas mehr zum Beträufeln

5 Schalotten, grob gehackt

1 EL geräuchertes Paprikapulver

Grober schwarzer Pfeffer, zerstoßen, nach Belieben

GREGOR CLEGANES
MATSCHKARTOFFELN

SCHWIERIGKEIT
Novize
ZUBEREITUNG
30 Minuten
GARZEIT
15-20 Minuten

I. Die Kartoffeln putzen und in einen großen Topf mit kräftig gesalzenem Wasser geben. Bei mittlerer Hitze zum Kochen bringen und 20-25 Minuten köcheln lassen bzw. so lange, bis die Kartoffeln gabelzart sind.

II. Den Backofen auf 175 °C vorheizen. Ein Backblech mit Backpapier auslegen.

III. Die fertig gegarten Kartoffeln abgießen und 5 Minuten abtropfen lassen. Auf das vorbereitete Backblech legen und mit dem Boden eines schweren Topfs oder einer Bratpfanne zerdrücken. Jeweils eine Butterflocke auf jede Kartoffel setzen und mit dem Paprikapulver bestreuen. Nach Belieben mit Meersalz und schwarzem Pfeffer würzen. 15-20 Minuten im vorgeheizten Ofen goldbraun backen.

IV. In der Zwischenzeit in einer beschichteten Pfanne bei mittlerer Hitze 1 EL Butter zerlassen. Die Baconstreifen darin ringsum scharf anbraten und zum Abtropfen auf einen mit Küchenpapier ausgelegten Teller geben. Abkühlen lassen, dann fein zerbröseln oder hacken.

V. In einer kleinen Schüssel den griechischen Joghurt mit dem Limettensaft verrühren und bis zum Gebrauch kaltstellen.

VI. Sobald die Kartoffeln fertig sind, aus dem Ofen nehmen und auf einer Servierplatte arrangieren. Nach Belieben mit Salz und Pfeffer würzen. Mit dem zerbröselten Speck und den Röstzwiebeln bestreuen und großzügig mit dem Limettenjoghurt beträufeln. Mit etwas frischem Dill garniert servieren.

4 PORTIONEN

10 mittelgroße Kartoffeln

Salz

100 g Butter, plus 1 EL zum Anbraten des Bacons

1 EL geräuchertes Paprikapulver

Meersalz

Schwarzer Pfeffer

100 g Baconstreifen

80 g griechischer Joghurt

3 EL Limettensaft

Röstzwiebeln (fertig), als Garnitur

Frischer Dill, als Garnitur

HONIGGEWÜRZTE HEUSCHRECKEN

SCHWIERIGKEIT
Novize

VORBEREITUNG
5 Minuten

ZUBEREITUNG
5 Minuten

I. Das Olivenöl, den Thymian, den Zitronensaft, das Salz und den Honig so lange in einer kleinen Schüssel verrühren, bis sich der Honig vollständig aufgelöst hat.

II. Die Gewürzmischung in eine beschichtete Pfanne geben und bei mittlerer Hitze unter regelmäßigem Rühren erwärmen. Die getrockneten Wanderheuschrecken hineingeben und behutsam ringsum mit der Honigwürze überziehen. Sofort wieder herausnehmen und zum Abtropfen auf einen mit Küchenpapier ausgelegten Teller geben. Einige Minuten trocknen lassen.

III. In einem luftdicht verschließbaren Behältnis lagern und als exotische Knabberei reichen. Und keine falsche Scheu: Heuschrecken erinnern von Geschmack und Konsistenz her an Erdnussflips. Also rein damit!

4 PORTIONEN

3 EL Olivenöl

1 Stängel frischer Thymian

Saft von ¼ Zitrone

1 Prise Salz

4 EL Honig

40 g getrocknete Wander-
heuschrecken, verzehrfertig

Die getrockneten Heuschrecken bekommt ihr am besten in Bio-Läden oder übers Internet!

QYBURNS SEEFEUER-GUACAMOLE

SCHWIERIGKEIT
Novize

VORBEREITUNG
10 Minuten

ZUBEREITUNG
10 Minuten

I. Die Avocados vorsichtig waagerecht halbieren und die Kerne entfernen. Mit einem Löffel das Fruchtfleisch aus den Schalen lösen und in einer Schüssel mit einer Gabel grob zerdrücken.

II. Zwei der Chilis grob würfeln. Die dritte Chili in feine Ringe schneiden und als Garnitur aufheben.

III. Die Tomatenwürfel, die Schalotte, den Limettensaft, den Knoblauch, die beiden gewürfelten Chilis und den Joghurt in die Schüssel mit dem Avocadomus geben und alles gründlich verrühren. (Wer es feiner möchte, sollte einen Pürierstab verwenden.) Mit Salz, Pfeffer und einem Spritzer Tabasco abschmecken. Abgedeckt bis zur Verwendung im Kühlschrank kaltstellen.

IV. Die Nachos nach Belieben mit dem Flambierbrenner abflammen, falls sie noch nicht »verkohlt« genug aussehen. Dabei darauf achten, dass sie nicht zu dunkel werden!

V. Die Guacamole vor dem Anrichten nochmals gründlich durchrühren. Großzügig mit den Chiliringen garnieren und zusammen mit den Nachos servieren.

6-8 PORTIONEN

4 mittelgroße, reife Avocados

3 rote Chilischoten

2 Tomaten, sehr fein gewürfelt

½ Schalotte, fein gehackt

Saft von ½ Limette

2 Knoblauchzehen, sehr fein gehackt oder durchgepresst

1 EL Naturjoghurt

Salz

Frisch gemahlener schwarzer Pfeffer

1 Spritzer Tabasco

Dunkle Nachos, nach Belieben

Außerdem erforderlich:

Flambierbrenner (optional)

Damit die Guacamole im Kühlschrank nicht braun wird, gebt den Avocadokern mit ins Mus!

PFANNENBROT

SCHWIERIGKEIT
Novize

VORBEREITUNG
20 Minuten
inkl. Ruhezeit

ZUBEREITUNG
60 Minuten

I. Das Mehl in einer kleinen Schüssel sorgsam mit dem Backpulver vermischen.

II. In einer separaten Schüssel den Joghurt mit dem Wasser, dem Olivenöl und dem Salz verquirlen und zu dem Mehl geben. Alles gründlich miteinander verrühren, sodass ein weicher, glatter Teig entsteht. 15 Minuten ruhen lassen.

10 STÜCK

300 g Mehl

1 TL Backpulver

100 g griechischer Naturjoghurt

100 ml Wasser

DANACH

APFELKÜCHLEIN DES KETTENLOSEN MAESTERS

SCHWIERIGKEIT
Gelehrter

ZUBEREITUNG
2 Stunden
inkl. Gehzeiten

BACKZEIT
25-30 Minuten

I. Die kalte Butter mit einer Küchenreibe fein raspeln. In eine Rührschüssel geben und zusammen mit dem Magerquark, dem Mehl, dem Zucker und dem Salz zu einem glatten, geschmeidigen Teig verkneten. In Frischhaltefolie wickeln und für 30 Minuten kaltstellen.

II. Den gekühlten Teig auf einer leicht bemehlten Arbeitsfläche zu einem Rechteck ausrollen. Ein Drittel des Teigs erst von der einen Seite her umfalten, dann von der anderen. Den Teig um 90° drehen, wiederum ausrollen und erneut wie beschrieben übereinanderfalten. In Frischhaltefolie wickeln und für 1 Stunde im Kühlschrank ruhen lassen.

III. In dieser Zeit die Füllung zubereiten. Hierzu die Äpfel schälen, entkernen und in kleine Würfel schneiden.

IV. Die Butter bei mittlerer Hitze in einem Topf zerlassen und die Apfelwürfel hineingeben. Mit dem Rohrzucker bestreuen und leicht karamellisieren lassen. Dann den Zitronensaft und 2 EL Wasser hinzufügen und die Äpfel 2-3 Minuten dünsten bzw. so lange, bis sie fast weich sind.

V. In einer Tasse 3 EL Wasser mit der Speisestärke verrühren und in die kochende Apfelmasse geben. Alles gut vermischen, kurz aufkochen und vom Herd nehmen. Das Vanilleextrakt, den Zimt und den Zitronenabrieb unterrühren und einige Minuten abkühlen lassen.

VI. Derweil den Backofen auf 200 °C Ober-/Unterhitze vorheizen. Die Tarteförmchen mit Butter einfetten.

VII. Den Teig auf einer bemehlten Arbeitsfläche ca. 5 mm dick ausrollen und mit einem runden Ausstecher, der ca. 2 cm größer als die Tarteförmchen ist, Teigkreise daraus ausstechen. (Alternativ geht auch ein großes Glas.) Mit den Teigkreisen die Förmchen auskleiden und vorsichtig am Boden und an den Seiten andrücken. Allen überstehenden Teig mit einem Messer abschneiden, die Apfelmasse einfüllen und die Oberseite glattstreichen.

VIII. Die Teigreste kurz verkneten, ausrollen und in ca. 12 cm lange Streifen schneiden. Die Teigstreifen gitterartig auf die Füllung legen (siehe Bild) und am Rand vorsichtig andrücken.

IX. In einer kleinen Schüssel das Eigelb mit den restlichen 2 EL Wasser verrühren und die Teigstreifen großzügig damit einpinseln. Auf mittlerer Schiene in den vorgeheizten Ofen geben und 25-30 Minuten goldbraun backen.

6 STÜCK

Für den Teig:

125 g kalte Butter

250 g Magerquark

250 g Weizenmehl (Type 405)

1 EL Zucker

1 Prise Salz

Für die Füllung:

5 säuerliche Äpfel (ca. 750 g)

40 g Butter, plus etwas mehr zum Einfetten der Tarteförmchen

4 EL Rohrzucker

4 EL Zitronensaft

7 EL Wasser

20 g Speisestärke

1 TL Vanilleextrakt

1 Prise gemahlener Zimt

1 TL Zitronenabrieb

1 Eigelb

Außerdem erforderlich:

6 Tarteförmchen (ca. 12 cm Ø), Keksausstecher (ca. 14 cm Ø)

BIRNEN IN WEIN

SCHWIERIGKEIT
Novize

VORBEREITUNG
5 Minuten

KOCHZEIT
20 Minuten

I. Die Zitrone heiß waschen, mit Küchenpapier trocken tupfen und in Scheiben schneiden.

II. Den Rotwein, den Zucker und die Zimtstange in einen Topf geben. Die Zitronenscheiben hinzufügen und bei mittlerer Hitze aufkochen. 10 Minuten sanft köcheln lassen.

III. In dieser Zeit die Birnen schälen und das Kerngehäuse von der Unterseite aus mit einem spitzen Messer entfernen.

IV. Die Zimtstange und Zitronenscheiben aus dem Rotwein entfernen und stattdessen die Birnen so in den Topf legen, dass sie vollständig mit dem Sud bedeckt sind. Den Deckel aufsetzen, die Hitze reduzieren und ca. 10 Minuten köcheln lassen. Dann vom Herd nehmen und im Topf etwas abkühlen lassen.

V. Nach Belieben auf Tellern angerichtet und großzügig mit dem Sud beträufelt servieren. Am besten lauwarm genießen.

8 STÜCK

1 Zitrone

750 ml Rotwein

150 g Zucker

1 Zimtstange

8 frische Birnen
(z. B. Williams Christ)

ROYALE RAHMSCHWÄNE

SCHWIERIGKEIT
Maester

ZUBEREITUNG
1 Stunde

BACKZEIT
40-80 Minuten

I. Den Backofen auf 100 °C Umluft vorheizen.

II. In einer Schüssel das Eiweiß und das Mehl mit einem Handrührgerät aufschlagen, bis sich weiche Spitzen bilden. Nach und nach den Zucker hinzufügen und auf mittlerer Stufe weiter schlagen, bis sich feste Spitzen bilden (ca. 5 Minuten). Den Eischnee entweder in einen Spritzbeutel mit Rundtülle oder einen Gefrierbeutel füllen, von dem ihr eine Ecke abschneidet.

III. Die Schablonen unter Wachspapier oder Backpapier legen und mit dem Spritzbeutel die Form des Bodens, der Flügel und des Halses/Kopfs mit dem Eischnee nachzeichnen. Jeden Schwanenkopf mit einer geschälten Mandel als Schnabel verzieren und die Mandel mit noch etwas mehr Eischnee fixieren. Da das Baiser extrem fragil und zerbrechlich ist, müsst ihr davon ausgehen, dass beim Anrichten einiges zu Bruch geht, daher vorbeugen und lieber zu viele Schwan-Elemente aufspritzen als zu wenige. Ihr braucht mindestens 6-8 Grundböden, 6-8 Hälse/Köpfe und 12-16 Flügel. Bei Bedarf mit mehreren Blechen und in mehreren Schüben arbeiten.

IV. Das Papier mit den Schwan-Elementen vorsichtig auf ein Backblech geben und 40-80 Minuten im Ofen backen. Achtung: Die Hälse sind schneller fertig als die übrigen Teile! Sobald das Baiser hell, trocken und knusprig ist, sind diese Elemente fertig. Dann vorsichtig herausnehmen und auf dem Blech vollständig auskühlen lassen. Den Köpfen anschließend mit dem Lebensmittelstift Augen aufmalen.

V. Um die Schwäne zusammenzufügen, jeweils einen Baiserboden auf einen Servierteller legen. Mit einem kleinen Eisportionierer mehrere Kugeln Eis so darauf anordnen, dass das Ganze einem Schwanenkörper gleicht (siehe Bild). Mit einem Holzstäbchen ein Loch an der Stelle bohren, wo der Hals eingesteckt wird, und den Hals vorsichtig in Position bringen. Links und rechts am Schwan die Flügel platzieren. Jeweils nach Belieben mit einem »Meer« aus Granatapfelkernen umgeben und sofort servieren.

5 PORTIONEN

6 Eiweiß

½ TL Mehl

150 g feiner Zucker

5 geschälte Mandeln

Schwarzer Lebensmittelstift

Weißes Joghurteis, nach Belieben

500 g Granatapfelkerne, nach Belieben

Außerdem erforderlich:

Schwan-Schablone (siehe S. 154), Spritzbeutel mit Rundtülle

DRACHENEIER

SCHWIERIGKEIT
Novize

ZUBEREITUNG
30 Minuten

BACKZEIT
25-30 Minuten

I. Den Backofen auf 180 °C Ober-/Unterhitze vorheizen. Die Eier-Silikonformen mit Butter einfetten.

II. In einer Schüssel die Butter, den Zucker, den Vanillezucker, das Salz und den Zitronensaft mit einem Handrührgerät cremig rühren. Nach und nach die Eier dazugeben und jeweils sorgsam einarbeiten.

III. In einer separaten Schüssel das Mehl mit der Speisestärke und dem Backpulver vermischen und portionsweise unter den Teig rühren. Das Ganze in die vorbereiteten Silikonformen füllen und 25-30 Minuten backen. Aus dem Ofen nehmen und abkühlen lassen.

IV. Derweil die Sahne in einen Topf geben und bei mittlerer Hitze zum Kochen bringen. Dann sofort vom Herd nehmen, die Schokolade hineingeben und so lange verrühren, bis sie vollständig geschmolzen ist.

V. Die abgekühlten Eier aus der Form lösen und die glatten Flächen mit der Schokolade bestreichen, um jeweils zwei Hälften zusammenzukleben. Sollte die Schokolade inzwischen zu fest geworden sein, für einige Sekunden in der Mikrowelle erwärmen. (Hierfür alternativ ein Wasserbad verwenden.) Die Eier dann ringsum mit der Schokolade bepinseln und die gehobelten Mandeln schuppenförmig darauf verteilen (siehe Bild). Die Schokolade vor dem Servieren einige Minuten fest werden lassen.

8-10 STÜCK

250 g Butter, plus etwas mehr für die Form

200 g Zucker

1 Päckchen Vanillezucker

1 Prise Salz

1 EL Zitronensaft

4 Eier

200 g Mehl

100 g Speisestärke

1 TL Backpulver

200 g Sahne

300 g Vollmilchschokolade, grob gehackt

200 g gehobelte Mandeln

Außerdem erforderlich:

Eier-Silikonformen (ca. 10 x 7 cm)

Solltet ihr mehr Teig als Eier-Silikonformen haben, die Zutaten einfach in mehreren Durchgängen verarbeiten!

ARYAS STIBITZTE TÖRTCHEN

SCHWIERIGKEIT
Novize

ZUBEREITUNG
25 Minuten

BACKZEIT
20 Minuten

I. Backpapier in zwölf kleine Quadrate von 14 x 14 cm Größe schneiden. Jeweils ein Backpapierquadrat mittig über jede Mulde der Muffinform legen und das Backpapier mithilfe eines entsprechend großen Glases in die Mulde hineindrücken. Die entstandenen Falten im Backpapier an den Seiten der Mulde andrücken.

II. Den Backofen auf 180 °C Ober-/Unterhitze vorheizen.

III. Für die Törtchen die weiche Butter mit dem Zucker, dem Zitronenabrieb und dem Zitronensaft hell aufschlagen. Die Eier einzeln, eins nach dem anderen, dazugeben und jeweils sorgsam unterrühren.

IV. In einer separaten Schüssel das Mehl, das Backpulver und das Salz gründlich vermengen und abwechselnd mit der Milch in mehreren Schüben zur Buttermischung hinzufügen. Alles gut miteinander verrühren. Den Teig dann gleichmäßig in die vorbereitete Muffinform füllen, die Oberseiten glattstreichen und 20 Minuten backen bzw. so lange, bis an einem Holzstäbchen (oder einem Zahnstocher), das mittig in die Muffins gepiekt wird, beim Herausziehen keine Teigreste mehr kleben. Aus dem Ofen nehmen und vollständig abkühlen lassen. Erst dann behutsam aus der Form lösen.

V. In der Zwischenzeit das Frosting zubereiten. Hierzu in einer Schüssel die Butter mit dem Puderzucker, dem Zitronenabrieb und dem Zitronensaft hell aufschlagen. Dann locker die Mascarpone unterheben und die so entstandene Creme großzügig auf den Muffins verteilen. Nach Belieben mit etwas Zimt bestreuen und jeweils mit einer frischen Himbeere garnieren.

12 STÜCK

Für die Törtchen:

125 g weiche Butter

100 g Zucker

2 TL Zitronenabrieb

3 EL Zitronensaft

2 Eier

200 g Mehl

2 TL Backpulver

1 Prise Salz

100 ml Milch

Für das Frosting:

50 g weiche Butter

100 g Puderzucker

1 TL Zitronenabrieb

2 TL Zitronensaft

250 g Mascarpone

12 frische Himbeeren, als Garnitur

Zimt, nach Belieben

Außerdem erforderlich:

12er-Muffinform

TRIFLE DER ROTEN FRAU

SCHWIERIGKEIT
Novize

ZUBEREITUNG
40 Minuten

BACKZEIT
35-40 Minuten

Die Kuchenbrösel zubereiten:

I. Den Backofen auf 175 °C Umluft vorheizen. Die Backform mit Butter einfetten und mit Backpapier auslegen.

II. In einer Schüssel das Mehl gründlich mit dem Backkakao, dem Backpulver und dem Natron vermischen.

III. Die weiche Butter in einer Rührschüssel mit dem Zucker, dem Vanillezucker und dem Salz hell und cremig aufschlagen. Die Eier einzeln, eins nach dem anderen, in die Buttermasse einarbeiten.

IV. In einer separaten Schüssel die Buttermilch mit dem Öl, dem Essig und der Lebensmittelfarbe kräftig verquirlen.

V. Die Mehlmischung zu der Buttermasse sieben und dann die Buttermilchmixtur hinzufügen. Alles locker miteinander verrühren, bis ein glatter Teig entsteht. In die vorbereitete Backform füllen, die Oberseiten glätten und 35-40 Minuten backen bzw. so lange, bis an einem Holzstäbchen (oder einem Zahnstocher), das mittig in den Kuchen gepiekt wird, beim Herausziehen keine Teigreste mehr kleben. Aus dem Ofen nehmen und in der Form vollständig auskühlen lassen. Erst dann aus der Form lösen und in einer Schüssel grob zerbröseln.

Den Zitronenquark zubereiten:

VI. In einer kleinen Schüssel die Schlagsahne mit dem Vanillezucker steif schlagen und bis zur Verwendung in den Kühlschrank stellen.

VII. Die Zitrone heiß abwaschen und abtrocknen. Mit einer Reibe die Schale abreiben. Die Zitrone halbieren und entsaften.

Fortsetzung auf nächster Seite ...

8 PORTIONEN

Für die Kuchenbrösel:

60 g weiche Butter, plus etwas mehr zum Einfetten der Backform

150 g Mehl

5 g Backkakao

1 TL Backpulver

½ TL Natron

145 g Zucker

½ TL Vanilleextrakt

½ Prise Salz

2 Eier

125 ml Buttermilch, Zimmertemperatur

60 ml Pflanzenöl

½ EL Apfelessig

Rote Lebensmittelfarbe, je nach gewünschter Farbintensität

Für den Zitronenquark:

150 ml Schlagsahne

2 TL Vanillezucker

500 g Quark

1 mittelgroße Zitrone

3 EL Zucker

VIII. In einer separaten Schüssel den Quark glattrühren. Den Zucker, den Zitronenabrieb und den Zitronensaft hinzufügen und alles miteinander vermischen. Die geschlagene Sahne unter den Quark heben, abschmecken und bei Bedarf noch etwas mehr Zucker dazugeben. Bis zur Verwendung im Kühlschrank kaltstellen.

Die Himbeersoße zubereiten:

IX. Die Himbeeren mit dem Zucker und dem Spritzer Zitronensaft in einen Topf geben. Die Beeren mit einer Gabel etwas zerdrücken, bei niedriger Hitze unter gelegentlichem Rühren aufkochen und 5 Minuten köcheln lassen. Dann durch ein Sieb passieren, um die Kerne zu entfernen, und die Fruchtsoße abkühlen lassen.

Das Trifle anrichten:

X. Nach Belieben abwechselnd die Kuchenbrösel, den Zitronenquark und die Himbeersoße in hohe Serviergläser schichten. Mit dem Quark abschließen und mit weiterer Soße krönen. Jeweils mit einer frischen Himbeere garnieren. Bis zum Servieren kühlstellen.

Für die Himbeersoße:

500 g Himbeeren

3-4 EL Zucker

1 Spritzer Zitronensaft

8 frische Himbeeren, als Garnitur

Außerdem erforderlich:

Backform (ca. 20 cm Ø)

SÜSSKRINGEL

SCHWIERIGKEIT
Novize

ZUBEREITUNG
30 Minuten, plus
ca. 13 Stunden Gehzeit

BACKZEIT
20-25 Minuten

Den Vorteig zubereiten:

I. Das Wasser in eine Schüssel geben und die Hefe hinein-bröseln. Verrühren, bis sich die Hefe vollständig aufgelöst hat, und das Mehl mit in die Schüssel sieben. Alles vermengen. Mit einem sauberen Geschirrtuch abdecken und mindestens 12 Stunden bei Zimmertemperatur ruhen lassen.

Den Hauptteig zubereiten:

II. Das lauwarme Wasser in eine Schüssel geben und die Hefe hineinbröseln. Verrühren, bis sich die Hefe vollständig aufge-löst hat.

III. In einer Schüssel den Vorteig, das Mehl, das Olivenöl, den Zucker und das Hefewasser vermischen und sorgsam mindes-tens 10 Minuten kneten. Den Teig dann mit einem sauberen Geschirrtuch abdecken und 30 Minuten ruhen lassen.

IV. Den Teig nach der Ruhezeit in zehn gleich große Portio-nen aufteilen. Jeweils zu Kugeln formen und abgedeckt mit einem sauberen Geschirrtuch 10 Minuten ruhen lassen.

V. Auf einer leicht mit Mehl bestreuten Arbeitsfläche aus den Teigkugeln Stränge von ca. 35 cm Länge formen. Jeweils beide Enden der Teigstränge miteinander verbinden und fest-drücken.

VI. Eine Schale mit lauwarmem Wasser und eine Schale mit der Sesamsaat bereitstellen. Zwei Bögen Backpapier bereitlegen.

10 PORTIONEN

Für den Vorteig:

300 ml Wasser

2 g Frischhefe

300 g Weizenmehl (Type 550)

Für den Hauptteig:

90 ml lauwarmes Wasser, plus eine Schale

8 g Hefe

1 Vorteig

300 g Weizenmehl (Type 550)

30 ml Olivenöl

25 g Zucker

200 g Sesamsaat

**Achtung!
Insgesamt erfordert die Zubereitung der Süßkringel zwei Tage!**

Fortsetzung auf nächster Seite …

VII. Die Teigkringel waagerecht zur Hälfte in das Wasser tauchen und diese angefeuchtete Seite dann in die Schale mit dem Sesam drücken. Mit dem Sesam nach oben auf das Backpapier legen (jeweils fünf Teiglinge pro Bogen). Mit einem sauberen Geschirrtuch abdecken und nochmals 30 Minuten ruhen lassen.

VIII. Unterdessen ein Backblech in den Backofen schieben, eine hitzebeständige Schüssel mit etwas Wasser unten in den Ofen stellen und den Ofen auf 220 °C Ober-/Unterhitze vorheizen. Sobald der Ofen die entsprechende Temperatur erreicht hat, den ersten Bogen Backpapier auf das Blech geben und 20-25 Minuten goldbraun backen. Die Süßkringel dann aus dem Ofen nehmen und zum Abkühlen auf ein Gitterrost geben. Mit den übrigen Kringeln genauso verfahren.

BLUTROTE HOCHZEITSTORTE

SCHWIERIGKEIT
Maester

ZUBEREITUNG
60 Minuten, plus
2 Stunden Kühlzeit

BACKZEIT
35-40 Minuten

Die Tortenböden zubereiten:

I. Den Backofen auf 175 °C Umluft vorheizen. Die beiden Backformen mit Butter einfetten und mit Backpapier auslegen.

II. In einer Schüssel das Mehl gründlich mit dem Backkakao, dem Backpulver und dem Natron vermischen.

III. Die weiche Butter in einer Rührschüssel mit dem Zucker, dem Vanillezucker und dem Salz hell und cremig aufschlagen. Die Eier einzeln, eins nach dem anderen, in die Buttermasse einarbeiten.

IV. In einer separaten Schüssel die Buttermilch mit dem Öl, dem Essig und der Lebensmittelfarbe kräftig verquirlen.

V. Die Mehlmischung zu der Buttermasse sieben und anschließend die Buttermilchmixtur hinzufügen. Alles locker miteinander verrühren, bis ein glatter Teig entsteht. Gleichmäßig in die vorbereiteten Backformen füllen, die Oberseiten glatt streichen und 35-40 Minuten backen bzw. so lange, bis an einem Holzstäbchen (oder einem Zahnstocher), das mittig in die Tortenböden gepiekt wird, beim Herausziehen keine Teigreste mehr kleben. Dann aus dem Ofen nehmen und in der Form vollständig auskühlen lassen. Erst dann aus der Form lösen. In der Zwischenzeit das Frosting zubereiten.

Das Frosting zubereiten:

VI. Die weiche Butter in eine Schüssel geben und den Puderzucker darüber sieben. Das Vanilleextrakt dazugeben und das Ganze hell und luftig aufschlagen. Dann den Frischkäse – der wie die Butter möglichst zimmerwarm sein sollte – hinzufügen und unterrühren.

Fortsetzung auf nächster Seite ...

8 PORTIONEN

Für die Tortenböden:

115 g weiche Butter, plus etwas mehr zum Einfetten der Backformen

300 g Mehl

10 g Backkakao

2 TL Backpulver

1 TL Natron

290 g Zucker

1 TL Vanilleextrakt

1 Prise Salz

3 Eier

250 ml Buttermilch, Zimmertemperatur

120 ml Pflanzenöl

1 EL Apfelessig

Rote Lebensmittelfarbe, je nach gewünschter Farbintensität

Für das Frosting:

250 g weiche Butter

140 g Puderzucker

1 TL Vanilleextrakt

400 g Frischkäse, Zimmertemperatur

2 EL Milch zum Tränken des Tortenbodens

Die Torte zusammenfügen:

VII. Sobald die Tortenböden abgekühlt sind, einen der Böden auf die Arbeitsfläche legen und mit einem Backpinsel mit etwas von der Milch bestreichen. Gleichmäßig einen Teil des Frischkäsefrostings darauf verteilen und den zweiten Tortenboden umgedreht (mit der glatten Seite nach oben) auf die Creme setzen. Die Torte ringsum mit dem übrigen Frosting einstreichen und für mindestens 2 Stunden in den Kühlschrank stellen. In dieser Zeit das »Schoko-Blut« zubereiten.

Das »Schoko-Blut« zubereiten:

VIII. In einem kleinen Topf bei mittlerer Hitze unter regelmäßigem Rühren die Sahne aufkochen. Die grob gehackte Schokolade hineingeben, vom Herd nehmen und 3 Minuten ruhen lassen, bis die Schokolade geschmolzen ist. Alles sorgsam miteinander verrühren. Die Lebensmittelfarbe dazugeben und untermischen. Die Ganache dann auf Raumtemperatur abkühlen lassen.

IX. Sobald die Ganache abgekühlt ist, die Torte aus dem Kühlschrank nehmen. Das »Schoko-Blut« mit einem Löffel oben auf der Torte verteilen und effektvoll an den Seiten herunterlaufen lassen. Bis zum Servieren kühlstellen.

Für das »Schoko-Blut«:

70 ml Sahne

100 g weiße Schokolade, grob gehackt

40 g Vollmilchschokolade, grob gehackt

Rote Lebensmittelfarbe, je nach gewünschter Farbintensität

Außerdem erforderlich:

Zwei Backformen (ca. 20 cm Ø)

GEFÜLLTE BRATÄPFEL

SCHWIERIGKEIT
Novize

ZUBEREITUNG
20 Minuten

GARZEIT
30-40 Minuten

I. Die Äpfel waschen, jeweils einen waagerechten »Deckel« abtrennen und mit einem Apfelausstecher das Kerngehäuse entfernen.

II. Den Backofen auf 180 °C Umluft vorheizen.

III. In einer Schüssel die Mandeln mit den Rosinen, 1 EL Ahornsirup und dem Zimt vermischen. Die fein gehackte Marzipanrohmasse untermengen. Die Äpfel mit der Masse füllen, mit ausreichend Abstand zueinander in eine Auflaufform setzen und die Butterstücke darauf verteilen. Die Apfeldeckel auf einem Stück Alufolie danebenlegen. 30-40 Minuten im vorgeheizten Ofen garen.

IV. In der Zwischenzeit die Vanillesoße zubereiten. Hierzu 3-4 EL von der Milch abnehmen und in einer kleinen Schüssel mit der Speisestärke glattrühren. Die Vanilleschote längs halbieren, mit einem Messer vorsichtig das Vanillemark herauskratzen und zusammen mit der Schote und der restlichen Milch in einem kleinen Topf aufkochen. Vom Herd nehmen.

V. Die Milch-Speisestärke mit dem Eigelb verquirlen, in die Vanillemilch einrühren und unter stetem Rühren so lange erhitzen, bis die Soße sämig wird. Achtung: Nicht kochen! Mit dem restlichen Ahornsirup abschmecken und unter gelegentlichem Rühren ein bisschen abkühlen lassen.

VI. Die Bratäpfel aus dem Ofen nehmen, auf Tellern anrichten, mit warmer Vanillesoße garnieren, die Apfeldeckel aufsetzen und sofort servieren.

4 PORTIONEN

Für die Bratäpfel:

4 säuerliche Äpfel (z. B. Boskop)

35 g gehobelte Mandeln

3 TL Rosinen

1 EL Ahornsirup

1 TL gemahlener Zimt

50 g Marzipanrohmasse, fein gehackt

20 g Butter, in Stücke geschnitten

Für die Vanillesoße:

250 ml Milch

1 TL Speisestärke

1 Vanilleschote

3 Eigelb

2 EL Ahornsirup

Außerdem erforderlich:

Kernausstecher, Auflaufform (ca. 22 x 20 cm)

SCHNEEBÄLLE

SCHWIERIGKEIT
Novize

ZUBEREITUNG
10 Minuten

KÜHLZEIT
3 Stunden

I. 100 g Kokosrapsel in einer kleinen Schüssel sorgsam mit der Kondensmilch vermischen und für 3 Stunden im Kühlschrank kaltstellen.

II. Mit einem Esslöffel jeweils eine Portion der Kokos-Kondensmilch-Masse entnehmen und mit leicht angefeuchteten Händen zu gleichmäßigen, tischtennisballgroßen Bällen formen.

III. Die restlichen Kokosraspel in eine kleine Schüssel geben und die »Schneebälle« ringsum darin wälzen. In einen luftdicht verschließbaren Behälter geben und bis zum Verzehr kühl lagern.

20 STÜCK

125 g Kokosraspel

200 ml gezuckerte Kondensmilch

GRANATAPFEL-FEIGEN

SCHWIERIGKEIT
Novize

VORBEREITUNG
5 Minuten

ZUBEREITUNG
5 Minuten

I. Die Feigen abwaschen, mit Küchenpapier trocken tupfen und mit einem kleinen, scharfen Messer so vierteln, dass sie unten noch zusammenhängen. Die untere Hälfte der Feigen behutsam zusammendrücken, sodass sie sich wie Blüten öffnen.

II. In einer kleinen Schüssel den Frischkäse mit dem Zitronensaft cremig rühren.

III. Jeweils 1-2 EL Frischkäsecreme in die Mitte jeder Feige

4 PORTIONEN

4 reife Feigen

100 g Frischkäse Natur

1 TL Zitronensaft

Granatapfelkerne,
als Garnitur

SANSAS ZITRONENKÜCHLEIN

SCHWIERIGKEIT
Novize

ZUBEREITUNG
7 Stunden
inkl. Geh- und Kühlzeiten

BACKZEIT
20 Minuten

I. Von einer heiß abgespülten und abgetrockneten Zitrone die Schale abreiben und den Saft ausdrücken. Die beiden anderen Zitronen in dünne Scheiben schneiden.

II. 250 ml Wasser und 225 g Zucker in einen Topf geben und bei großer Hitze kurz aufkochen. Die Temperatur reduzieren, die Zitronenscheiben hineingeben und 5-7 Minuten köcheln lassen. Anschließend mit einem Schaumlöffel aus dem Topf nehmen und etwas abtropfen lassen. Die Zitronenscheiben dann jeweils mit etwas Abstand zueinander auf einem mit Backpapier ausgelegten Backblech verteilen und bei Raumtemperatur 6 Stunden trocknen lassen.

III. Den Backofen bei 190 °C Umluft vorheizen.

IV. 150 g Zucker, die Eier und das Eigelb in eine große Schüssel geben und mit dem Schneebesen verrühren. Die Saure Sahne hinzufügen und gründlich einarbeiten. Dann den Zitronenabrieb, den Zitronensaft und das Vanilleextrakt hinzufügen und alles vermischen. Das Mehl, das Backpulver und eine Prise Salz in die Schüssel geben und wiederum alles sorgsam durcharbeiten. Abschließend die Butter in einem Topf zerlassen und unter den Teig rühren. Zuletzt die Zitronenmarmelade unterheben.

V. Die Mulden einer 12er-Muffinform gründlich einfetten. Eine getrocknete Zitronenscheibe auf den Boden jeder Mulde legen und dann so viel Teig einfüllen, bis die Mulden etwa zu Dreiviertel gefüllt sind. Die Zitronenküchlein im vorgeheizten Backofen ca. 20 Minuten backen.

VI. Die Küchlein nach dem Backen 30 Minuten in der Form auskühlen lassen. Die Backform dann wenden und behutsam auf die Arbeitsfläche stürzen. (Die Zitronenküchlein sollten sich relativ leicht aus der Form lösen lassen.) Entweder noch etwas länger abkühlen lassen oder zeitnah servieren.

12 STÜCK

3 Zitronen

250 ml Waser

375 g Zucker

2 Eier

1 Eigelb

60 g Saure Sahne

1 TL Vanilleextrakt

150 g Mehl

2 gestrichene TL Backpulver

1 Prise Salz

115 g Butter, plus etwas mehr zum Einfetten der Backform

3 EL Zitronenmarmelade

Außerdem erforderlich:

12er-Muffinform

WINTERKUCHEN

SCHWIERIGKEIT
Novize

ZUBEREITUNG
30 Minuten
inkl. Abkühlzeit

BACKZEIT
50 Minuten

I. Den Backofen auf 180 °C Ober-/Unterhitze vorheizen. Die Backform mit Butter einfetten und mit etwas Mehl bestreuen.

II. In einer Rührschüssel mit einem Handrührgerät die weiche Butter mit dem Zucker, dem Vanillezucker und dem Salz hell und cremig rühren. Dann einzeln, eins nach dem anderen, die Eier einarbeiten.

III. In einer separaten Schüssel das Mehl, das Backpulver, das Kakaopulver und den Zimt vermischen. Dann diese trockenen Zutaten zusammen mit dem Rotwein in die Rührschüssel mit der Butter-Zucker-Mixtur geben und alles sorgsam miteinander verrühren. Die gehackte Schokolade unterheben.

IV. Alles in die vorbereitete Form füllen, die Oberseite glätten und für ca. 50 Minuten im Ofen backen bzw. so lange, bis an einem Holzstäbchen (oder einem Zahnstocher), das man in die Mitte des Kuchens piekt, beim Herausziehen keine Teigreste kleben. Dann aus dem Ofen nehmen und 10 Minuten in der Form abkühlen lassen. Schließlich behutsam aus der Form stürzen und vollständig auskühlen lassen.

V. Zum Servieren großzügig mit Puderzucker bestreuen.

1 STÜCK

250 g weiche Butter, plus etwas mehr zum Einfetten der Form

250 g Mehl (Type 405), plus etwas mehr für die Form

200 g Zucker

1 Päckchen Vanillezucker

1 Prise Salz

4 Eier

1 Päckchen Backpulver

3 EL Kakaopulver

1 TL Zimt

125 ml Rotwein

100 g gehackte Zartbitterschokolade

Etwas Puderzucker zum Bestreuen

Außerdem erforderlich:

Backform mit Rohrboden (ca. 30 cm Ø)

GEFÜLLTE PFIRSICHE

SCHWIERIGKEIT
Novize

VORBEREITUNG
5 Minuten

ZUBEREITUNG
5 Minuten

I. Die Erdbeeren waschen, putzen und abtropfen lassen. Zusammen mit dem Zucker und dem Vanillezucker in einer Schüssel vermischen und mit einem Pürierstab fein pürieren. Den Quark zu dem Erdbeerpüree geben und alles sorgsam verrühren. Bis zur Verwendung kaltstellen.

II. Die Pfirsiche waschen, putzen und mit Küchenpapier trocken tupfen. Mit einem scharfen Messer waagerecht halbieren und entkernen. Die Pfirsichhälften mit einem ordentlichen Klecks Erdbeerquark füllen und nach Belieben mit den Cranberrys und dem Zitronenabrieb garnieren. Sofort servieren!

4 PORTIONEN

Für den Erdbeerquark:

250 g frische Erdbeeren

20 g Zucker

1 Päckchen Vanillezucker

250 g Quark

4 frische Pfirsiche

Getrocknete Cranberrys, als Garnitur

Zitronenabrieb, als Garnitur

Den restlichen Erdbeerquark entweder pur genießen oder für andere Gerichte verwenden!

DER WEISSE WANDERER

SCHWIERIGKEIT
Novize

ZUBEREITUNG
10 Minuten

GEFRIERZEIT
60 Minuten

I. Den Naturjoghurt, die Sahne, den Puderzucker und den Zitronensaft in eine Schüssel geben und mit einem Handrührgerät durcharbeiten, bis sich der Zucker vollständig aufgelöst hat. Die Masse in die Eismaschine geben und nach Geräteanleitung ca. 60 Minuten einfrosten.

II. Nach dem Einfrosten etwas von dem Eis in eine kleine Schüssel geben, mit dem Blue Curaçao übergießen und alles grob vermischen, sodass das Eis blau marmoriert ist. Dann zum restlichen Eis zurückgeben und vorsichtig unterheben. Bei Bedarf noch einmal kurz ins Gefrierfach geben. Zum Servieren nach Belieben großzügig mit Kirschsoße beträufeln.

4 PORTIONEN

350 g Naturjoghurt

170 ml Sahne

120 g Puderzucker

1 EL Zitronensaft

20 ml Blue Curaçao (alkoholfrei)

Fertige Kirschsoße, nach Belieben

Außerdem erforderlich:

Eismaschine

GETRÄNKE

ARBORGOLD

SCHWIERIGKEIT
Novize

ZUBEREITUNG
5 Minuten

ZIEHZEIT
3-4 Wochen

I. Den Honig in das große verschließbare (sorgsam ausgespülte) Behältnis geben. Mit dem Kornbrand aufgießen und das Ganze so lange verrühren, bis sich der Honig vollständig aufgelöst hat. Anschließend die Zimtstange, die Vanilleschote, die Kardamomkapsel, die Zimtblüte und die Nelken hineingeben, das Behältnis sorgsam verschließen und 3-4 Wochen an einem kühlen, dunklen Ort ziehen lassen. Alle paar Tage kräftig schütteln.

II. Den fertigen Likör durch ein feines Sieb seihen und in die heiß ausgewaschene 1 l-Flasche füllen. Die Gewürze entsorgen. Die Flasche fest verschließen und gut durchschütteln. Möglichst leicht gekühlt genießen. Mindestens 2-3 Monate haltbar.

1 L HONIGLIKÖR

500 g Blütenhonig

750 ml Kornbrand

1 Zimtstange

1 Vanilleschote

1 Kardamomkapsel

Etwas Zimtblüte, nach Belieben

1-2 Gewürznelken

Außerdem erforderlich:

Verschließbare Flasche oder Behältnis mit 1,5 l Fassungsvermögen, verschließbare Flasche mit 1 l Fassungsvermögen

Je länger der Honiglikör zieht, desto köstlicher schmeckt er!

HEISSE SCHOKOLADE DES LORD-KOMMANDANTEN

SCHWIERIGKEIT
Novize
ZUBEREITUNG
10 Minuten
KOCHZEIT
5 Minuten

I. In einem Rührbecher mit einem Handrührgerät die Sahne steif schlagen.

II. Die Milch, den ungesüßten Kakao, den Vanillezucker und die gehackte Zartbitterschokolade bei mittlerer Hitze unter beständigem Rühren in einem Topf so lange erwärmen, bis die Schokolade vollständig geschmolzen ist. Dabei unbedingt darauf achten, dass das Ganze nicht anfängt zu kochen! Bei Bedarf die Hitze reduzieren.

III. Den Topf vom Herd nehmen und 2-3 Minuten abkühlen lassen. Dann nochmals gründlich durchrühren und auf zwei Becher oder hitzebeständige Gläser verteilen. Nach Belieben mit der Schlagsahne garnieren, mit Schokoraspeln bestreuen und sofort servieren.

2 PORTIONEN

50 g Sahne

500 ml Milch

2 EL ungesüßter Kakao

1 Päckchen Vanillezucker

80 g Zartbitterschokolade, grob gehackt

Schokoraspeln, als Garnitur

BIRNENBRANNTWEIN DER TYROSHI

SCHWIERIGKEIT
Novize

ZUBEREITUNG
10 Minuten

ZIEHZEIT
4 Wochen

I. Die Birnen waschen, schälen und vierteln. Das Kerngehäuse entfernen und das Obst würfeln.

II. Die Vanilleschote längs halbieren und mit einem kleinen, scharfen Messer das Mark herauskratzen.

III. Die Birnenwürfel, den Zucker, das Vanillemark und die Vanilleschote in ein ausreichend großes, verschließbares, sauber ausgespültes Gefäß geben und mit dem Alkohol aufgießen. Alles grob verrühren und das Gefäß sorgsam verschließen. An einem warmen, möglichst sonnigen Ort mindestens 4 Wochen ziehen lassen. Zwischendurch alle paar Tage schütteln.

IV. Den durchgezogenen Birnenbranntwein durch ein Sieb oder ein Mulltuch seihen. Die Birnenstücke ausdrücken und zusammen mit der Vanilleschote entsorgen. Den Branntwein

750 ML BRANNTWEIN

4 Birnen

250 g Zucker

1 Vanilleschote

700 ml Wodka oder Korn

Außerdem erforderlich:

Verschließbares Gefäß mit 1,5 l Fassungsvermögen, Flasche mit 750 ml Fassungsvermögen

SEKANJABIN

SCHWIERIGKEIT
Novize

ZUBEREITUNG
5 Minuten

KOCHZEIT
50 Minuten

I. Das Wasser und den Zucker in einen Topf mit schwerem Boden geben und bei mittlerer Hitze unter stetem Rühren erwärmen, bis sich der Zucker vollständig aufgelöst hat. Die Hitze reduzieren und sanft 10-15 Minuten köcheln lassen.

II. Den Apfelessig hinzufügen und weitere 30 Minuten köcheln lassen bzw. so lange, bis die Mischung leicht eingedickt ist. Abschmecken und nach Belieben mit Essig nachwürzen, je nachdem, wie süß oder weniger süß ihr euer Getränk mögt. Den Limettensaft hinzufügen und verrühren.

III. Von der Minze einige schöne Blätter als Garnitur beiseitelegen. Den Rest mit in den Topf geben und 3-4 Minuten köcheln lassen. Dann vom Herd nehmen und vollständig abkühlen lassen. Bis zur Verwendung im Kühlschrank kaltstellen.

IV. Zum Servieren die Salatgurke abwaschen, mit Küchenpapier tropfen tupfen und mit einem Sparschäler oder einem Zestenschneider so schälen, dass ihr lange, schmale Streifen bekommt. Jeweils einige Gurkenschalenstreifen in jedes Glas geben.

V. Die Minze aus dem Sekanjabin entfernen, in die Gläser gießen und jeweils mit einem Minzblättchen garniert servieren.

7-8 PORTIONEN

500 ml Wasser

400 g Zucker

120 ml Apfelessig

1 Spritzer Limettensaft

½ Bund frische Minze

1 Salatgurke

Wer seinen Sekanjabin lieber ein bisschen frischer – und weniger süß – mag, kann ihn auch mit Mineralwasser oder Zitronenlimonade aufgießen!

CERSEIS BLUTIGE SANGRIA

SCHWIERIGKEIT
Novize

ZUBEREITUNG
15 Minuten

ZIEHZEIT
2-3 Stunden

I. Die Melone halbieren und mit einem Melonenausstecher runde Kugeln daraus ausstechen.

II. Den Rotwein, den Orangenlikör, die Melonenkugeln, die Limettenscheiben, die Sternfruchtscheiben und die Mangowürfel in einen ausreichend großen Krug oder ein anderes Behältnis geben und gut durchmischen. Mindestens 2-3 Stunden im Kühlschrank ziehen lassen.

III. Zum Servieren optional jeweils etwas zerstoßenes Eis in ein Glas geben, die Sangria mitsamt der gewünschten Menge Obst hineingeben und nach Belieben mit Zitronenlimonade aufgießen. Mit einer Blutorangenscheibe garniert servieren.

5-6 PORTIONEN

1 kleine Honigmelone

700 ml Rotwein (trocken)

100 ml Orangenlikör

1 Limette, in dünne Scheiben geschnitten

1 Sternfrucht, in dünne Scheiben geschnitten

1 Mango, gewürfelt

Zerstoßenes Eis (optional)

Zitronenlimonade, nach Belieben

1 Blutorange, in dünne Scheiben geschnitten

Außerdem erforderlich:

GEEISTE MILCH MIT HONIG

SCHWIERIGKEIT
Novize
VORBEREITUNG
5 Minuten
ZUBEREITUNG
10 Minuten

Eisschalen bzw. Eisbecher ins Gefrierfach geben.

Milch, das Salz und die gehackten Walnüsse in einen großen Topf geben und unter stetem Rühren bei mittlitze aufkochen. Den Honig hinzufügen und köcheln bis sich der Honig komplett aufgelöst hat. Vom Herd n und vollständig abkühlen lassen. Bis zum Servieren hlschrank kaltstellen.

um Servieren die Eisschalen aus dem Gefrierfach nehmen, eine Kugel Walnusseis in jede Schale geben und mit nigmilch aufgießen. Nach Belieben mit gehackten Pis- bestreuen. Sofort servieren.

4 PORTIONEN

750 ml Milch

1 Prise Salz

50 g Walnüsse, sehr fein gehackt

2 EL Honig

4 Kugeln Walnusseis

Pistazien, fein gehackt,
als Garnitur

Außerdem erforderlich:
4 Eisschalen oder -becher

DANKSAGUNG

Okay, die Arbeit ist getan. Alle Speisen sind gekocht, alle Fotos gemacht, alle Rezepte geschrieben. Zeit, den Kamin anzufachen, sich ein gutes Glas Rotwein einzuschenken und ein bisschen persönlicher zu werden.

Auf der Liste meiner Lieblingsbücher stehen die Werke von George R. R. Martin seit jeher ganz oben. Martins grandiose Saga *Ein Lied von Eis und Feuer*, die Geschichten von Dunk und Egg und unlängst *Feuer und Blut*, die Chronik des Hauses Targaryen, die die Vorlage für *House of the Dragon* bildet … Für mich gibt es kaum etwas Schöneres, als hier im Feuerschein zu sitzen, während draußen vor dem Fenster der Wind die Baumwipfel peitscht, ein Buch von G. R. R. M. aufzuschlagen, seine kühl-poetischen Bandwurmsätze zu genießen und später auf der Mattscheibe zu sehen, was talentierte Medienmacher wie David Benioff, D. B. Weiss, Ryan J. Condal und Jane Goldman daraus gemacht haben.

Wer erinnert sich nicht an Ned Starks schockierenden Abgang in *Game of Thrones*? An die Rote Hochzeit? An das Schicksal von Sharin Baratheon auf dem Scheiterhaufen? An die Schlacht um Hartheim und all die anderen unvergesslichen Szenen, Figuren und Momente, die George R. R. Martin uns beschert hat? Wie genial muss man sein, um einen derart brillanten Twist wie den mit Hodor zu ersinnen – und wie geduldig, um diese Karte erst auszuspielen, nachdem man geschlagene zwanzig Jahre lang ein Full House auf der Hand hatte? Ganz im Ernst: Kein anderer Moment der Literaturgeschichte hat mich mehr beeindruckt als dieser.

Hodor …

Hold the door …

Einfach unfassbar.

Wie auch immer, wir sind am Ende angelangt, und das bedeutet, es wird Zeit, zurückzublicken und die letzten Monate Revue passieren zu lassen. Reden wir nicht drumherum: In letzter Zeit haben die Götter es nicht allzu gut mit mir gemeint. Keine Ahnung, was ich denen getan habe, doch besonders in der Endphase dieses Projekts hatte ich mit einigen Fährnissen zu kämpfen. Das an sich ist für mich nichts Neues. Das Leben hat es mir – ohne jedes Selbstmitleid – noch nie leicht gemacht. Diesmal allerdings hatte Frau Fortuna die Springerstiefel an – die mit den Stahlkappen … Und sie kann verdammt fest zutreten! Doch wie heißt es noch gleich so treffend: Was uns nicht umbringt, macht uns nur härter. Fragt Tyrion Lennister. Oder Theon Graufreud. Die wissen, wovon ich rede.

Alles, was ich erreicht habe (und jemals erreichen werde), verdanke ich Disziplin, harter Arbeit – und einer Handvoll wundervoller Menschen, ohne die ihr dieses Buch jetzt nicht in Händen halten würdet.

DANKSAGUNG

Zuerst und vor allem möchte ich an dieser Stelle deshalb meinem Team bei DK danken, allen voran Monika Schlitzer, die dieses Projekt mit Enthusiasmus, Weitsicht und ruhiger Hand über die Ziellinie gebracht hat, aber auch Doreen Wolff, Heike Fassbender, Carmen Brand, Nicole Walter und all den anderen guten Seelen, die mir jederzeit mit Rat und Tat zur Seite standen.

Darüber hinaus gilt mein aufrichtiger Dank (in keiner bestimmten Reihenfolge): Dimitrie Harder, meinem »Partner in Crime«, der all die verrückten Ideen in Bildern festhält, die mir so durch den Kopf spuken; Jo Löffler und Holger »Holle« Wiest, ohne die auch nach all diesen Jahren nichts so wäre, wie es ist; Roberts »Rob« Urlovskis, mein »Mann für alle Fälle«, für den dasselbe gilt; Ulrich »die Peste« Peste, meinem besten, guten Freund; Thomas und Alexandra Stamm, voll aufrichtiger Dankbarkeit für alles, das ihr für mich getan habt; meinem »Bruder von nem anderen Luder« Thomas Böhm samt Gabi, Susi und Tommy; Tobias, Andrea, Lea, Finja und Jannis; Katharina »die einzig wahre Katze« Böhm; Annelies Haubold; in Memoriam dem unvergleichlichen, für alle Zeiten unvergessenen Oskar »Ossi« Böhm, der viel zu früh aus diesen Gefilden abberufen wurde; und last, but not least meiner Familie, die mir ein ums andere Mal die Möglichkeit gibt, großartige Abenteuer wie dieses zu erleben.

Für alles, das euch an diesem Buch gefällt, dankt diesen Menschen. Für alle Patzer, inhaltliche Ungenauigkeiten und zu viel Selleriesalz hingegen dürft ihr gern Asche auf mein ohnehin schon kahles Haupt streuen. Doch vergesst nicht: Auf Granit wachsen keine Blumen!

Tom Grimm

ÜBER DIE AUTOREN

TOM GRIMM

Tom Grimm, Jahrgang 1972, arbeitet seit dem Abschluss seiner Buchhändler-lehre als Autor, Übersetzer, Journalist, Redakteur, Produzent und Herausgeber für eine Vielzahl internationaler Buch- und Zeitungsverlage. Neben seiner Begeisterung für Literatur, Film und Videospiele gilt seine Liebe vor allem Freizeitparks, Reisen, gutem Essen, schlechten Witzen, Blackjack und Grill-experimenten zu jeder Jahreszeit. Unlängst wurde er für seine Arbeit mit dem *World Cookbook Award* ausgezeichnet. Zusammen mit seiner Familie, einem Rudel wilder Katzen und lebensgroßen Abbildern von Batman, Kung-Fu-Panda, Rayman und Thrall dem Ork lebt und arbeitet er in einem kleinen Ort im Wiehengebirge, in der Nähe von Bielefeld, das es allen Unkenrufen zum Trotz *doch* gibt.

DIMITRIE HARDER

Dimitrie Harder wurde 1977 als zweites Kind einer russischen Mutter und eines deutschen Vaters im zentralasiatischen Kirgisistan geboren, das sich nicht bloß durch seine prachtvollen Bergpanoramen und seine wunderschöne Natur auszeichnet, sondern gleichermaßen durch seine von alten Mythen und Sagen durchwobene Kultur. 1990 kam er mit seiner Familie nach Deutschland, wo er später seine Leidenschaft für die Fotografie entdeckte und sein Hobby schließlich zum Beruf machte. Mit viel Geduld und Liebe zum Detail kann er sich in fast jede Stimmung versetzen, die die Welten erfordern, in den er sich mit seiner Fotografie bewegt. Er liebt Radfahren, Laufen und Wandern, verabscheut Lebensmittelverschwendung und ist der einzige Mensch auf Erden, der seinen »Partner in Crime«, Tom Grimm, jemals offiziell als »Rüpel« be-zeichnet hat.

REZEPTREGISTER

SÜSSES

VEGETARISCH

SCHABLONE: ROYALE RAHMSCHWÄNE (S.102)

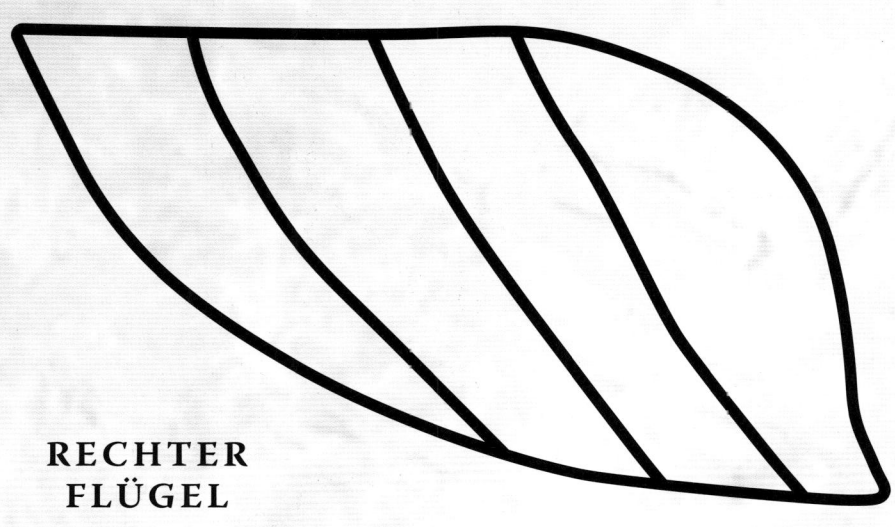

**RECHTER
FLÜGEL**

**LINKER
FLÜGEL**

HALS/KOPF

KÖRPER

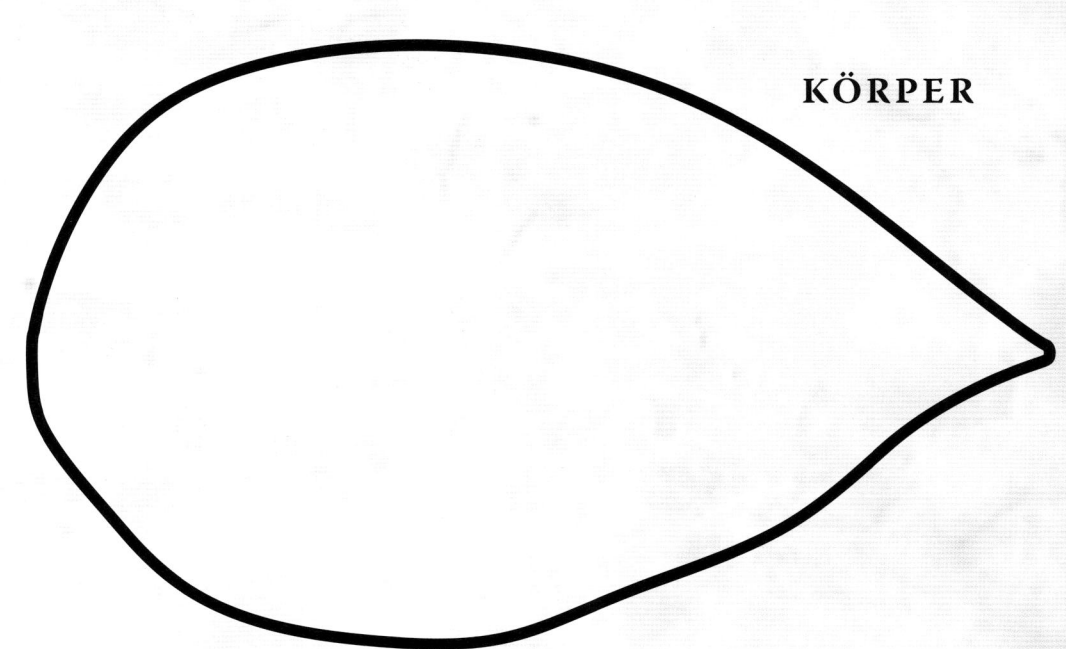

NOTIZEN

NOTIZEN

Penguin
Random
House

© 2022 Dorling Kindersley Verlag GmbH, München
Ein Unternehmen der Penguin Random House Group
Alle Rechte vorbehalten.

Jegliche – auch auszugsweise – Verwertung, Wiedergabe, Vervielfältigung oder Speicherung, ob elektronisch,
mechanisch, durch Fotokopie oder Aufzeichnung, bedarf der vorherigen schriftlichen Genehmigung durch den Verlag.

Sämtliche Texte, Bildelemente und Requisiten in diesem Buch werden ausschließlich im Rahmen des Zitatrechts
nach §51 UrhG verwendet.

Projektredaktion, Texte & Rezepte: Tom Grimm, Grinning Cat Productions
Foodfotografie: Tom Grimm & Dimitrie Harder
Satz & Layout: Roberts Urlovskis
Umschlaggestaltung & Vignetten: Dimitri Keilbach
Lektorat: Katja Böhm, Andreas Kasprzak

Für den DK Verlag:
Programmleitung: Monika Schlitzer
Projektbetreuung: Doreen Wolff
Herstellungsleitung: Dorothee Whittaker
Herstellungskoordination: Claudia Rode
Herstellung: Christine Rühmer

ISBN 978-3-8310-4534-1

Repro: Farbsatz, Neuried/München
Druck und Bindung: Finidr, s.r.o., Tschechien

www.dk-verlag.de

HINWEIS
Die Informationen und Ratschläge in diesem Buch wurden vom Autor und vom Verlag sorgfältig erwogen und geprüft.
Dennoch kann keine Garantie übernommen werden. Eine Haftung des Autors bzw. des Verlags und seiner Beauftragten
für Personen-, Sach- und Vermögensschäden ist ausgeschlossen.